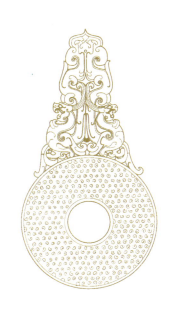

In China

走近中国

中国文物交流中心 编

文物出版社

目 录

泱泱华夏　斯文在兹 （代序）

秦砖汉瓦，唐风宋韵，更有明朝的无尽风月、清代的一统江山……中华民族上下五千年的悠久历史，有着雄踞世界之林的辉煌过往。如今岁月已逝，旧梦尘封，先人已将文明血脉凝聚在一件件文物里，将精神家园汇集到一处处遗迹中，虽九曲回肠、辗转跌宕，但源远流长，生生不息。

所谓『文物』，从字面看，『文』可以是『文化』『文明』之统称，『文物』即承载文化、文明之物。君不见，在青铜器的珠玑铭文里，在丝织品的精美纹理间，中华文明之光依旧鲜活而蓬勃地闪烁着。这些文物在先人的双手中诞生，虽历经风雨沧桑，但细细品味，依然可以体会到先人的脉动和体温。文物就是祖先的衣钵，是文明的载体，它们所承载的中华传统文化，是我们赖以生存的基石，也是我们得以繁衍的源泉。

文物之美，也将中国梦照进现实。一个民族的梦，其实不只在现代化的工厂里，不只在高科技的实验室中，它更在我们的博物馆里，更在尘封的考古遗址中。文物告诉我们是谁，告诉我们从哪里来、还将要向哪里去，她们不仅是古老的现实，也凝结着先人及后来者对未来的梦。文物是人类安顿童年记忆的精神家园，使我们记起襁褓中慈母指尖的抚慰与希冀。文物是风云变幻中默默等候归人永不熄灭的灯塔，让不停奔跑的我们，始终能够紧握祖先的手，坚守着祖国的根、民族的魂。

泱泱华夏，斯文在兹。

这一本《在兹中国》，是中国文物交流中心『典藏中国』系列图书的开篇之作。

收录的 99 件器物，有的古拙质朴，有的玲珑华贵，有的为中外闻名的重器，有的则是新近出土的遗珍，件件不同，异彩纷呈。编者细细甄选，从不同的侧面，向中外读者展现中国文物的『重』『美』『魂』『气』，力图描绘古老中国底蕴深厚、多元一体的辉煌过往，发掘当代中国文化多样、和谐文明的历史渊源与必然。

比如，收录书中的何尊，看到最早的『中国』。1963 年 8 月一个雨后的上午，陕西宝鸡贾村镇村民陈堆在后院土崖中刨出个铜罐罐，乡党们都不认识这是何物。第二年，陈堆离开宝鸡时将铜器交给他人保管，后被当废铜卖掉。1965 年，宝鸡市博物馆工作人员在废品收购站发现了它，并以废品收购价 30 元将其买回。这尊铜器成了宝鸡市博物馆成立后收藏的第一件青铜器。1975 年，这件青铜器入选中国文物交流中心筹备赴日举办的『中华人民共和国出土文物展览』，当时负责筹备展览的上海博物馆马承源先生清理该器时，在器内底部发现了 122 字铭文，内容为成王继承武王遗志，营建东都成周之事。而其铭文中『宅兹中国』一段，是『中国』一词最早的文字记载，意义非凡。

再如那一群盘旋了近千年的仙鹤……北宋政和二年（1112）正月十六日，都城汴京上空忽然云气飘浮，群鹤飞鸣于宫殿上空，久久盘旋，不肯离去。皇帝徽宗目睹此景兴奋不已，认为是祥云仙禽瑞兆，于是欣然命笔作画，并题诗一首以纪其实，这就是历经劫难留存后世的千古名画《瑞鹤图》。图中群鹤如云似雾，姿态百变。天

空石青满染，薄晕霞光，鹤身粉画墨写，晴以生漆点染，整个画面色泽艳丽、生机盎然。两宋时代，国势衰微，残山剩水，但文化上却多有建树。陈寅恪评价："华夏民族之文化，历数千载之演进，造极于赵宋之世。"治国无方的宋徽宗赵佶却显示出非同凡响的艺术造诣，琴棋书画无所不能，他的草书如龙游虎跃，"瘦金体"挺劲爽利，兰竹侧峰，别具一格，他的绘画作品更为中国灿烂的艺术史增添了浓重的一笔。2013年秋，英国维多利亚与艾尔伯特博物馆举办《中国绘画名品展》，中国文物交流中心选择了以《瑞鹤图》为代表的28件藏品参加展览，获得高度评价。英国首相卡梅伦在访华前专门参观了展览。英国《卫报》评论："《中国绘画名品展》展现了宋代中国艺术家在绘画上所达到认知和诗意化的高度，这个高度只有在后来的达芬奇时代可以企及。在这个方面，我们可以从梵高的最极致的表现中发现中国的影响。"

文物给我们启迪。看龙山黑陶，看良渚玉器，如非考古发掘出土，你很难相信五千年前的先民凭借简陋的工具能够制造出如此精美的器物。虽然我们无法完全复原当时的生产工艺，但我们能解释的一种力量就是专注。滴水穿石、铁杵磨针，只要你专心致志、心无旁骛，把美好的事情做到极致即是艺术的境界。

文物让我们遐想。文物也有许多遗憾，她可能残缺，可能褪色，可能缺少文字记载，可能只见其形不见其声。于有形处看云，于无声处听书——文物的遗憾与魅力也许就在这听于无声、见于无形之中。就像断臂的维纳斯，那缺失的手臂让人产生无限遐想，让一千个人眼中有一千个维纳斯，让一万个人眼中有一万种美。一叶

知秋，一斑窥豹。以有限知无限，于咫尺方寸之间体会江山万里，这就是文物的魅力。

文物让我们记起乡愁，找到回家的路。背井离乡的人听到乡音乡曲，客居海外的华人看到长城、故宫……那种怦然心动的感觉是旁人无法体验的。

读史、思古、追远，考古学充满无尽的诱惑、神秘的色彩，令人神往心驰。但考古学的晦涩艰深也让普通百姓望而却步。如何用简明的文字描写复杂的历史，用浅显的话语讲述生动的故事，也是本书努力追求的效果。希望读者读懂了，陶醉了，读之有感，品之有味，爱不释手。

遥远的过去、多彩的生活、中国的故事。我们真诚地请您翻开此书，暂别喧嚣的尘世，更一袭布衣，燃一支清香，啜一口清茶，平心静气，与古人共鸣。是梦亦是真，是古也是今。在兹中国——中国就在这里，这里就是中国。

国家文物局副局长 胡冰

二〇一九年五月

一 神圣庄严

原始社会—战国时期

The Sacred Age

(Primitive Society — Warring States Period)

文明的曙光初照在华夏大地上，美的意识在耕作、渔猎当中悄然萌发。先民们因地制宜，制作尽可能精美的器物，传达他们对于生命的热爱，对于天地、山川、自然的尊崇。

从远古的石器、陶器、玉器直至殷商的青铜器，神灵都是当之无愧的主角，庇护着最初的人们。集权制的国家逐渐强大，仿佛百川归海，分散各地的文明统一为周代的礼乐制度。礼以定尊卑，乐以和人心。不可知的尊严神灵，逐渐让位于人间的庄严秩序。

1

太阳神纹石刻

新石器时代，城背溪文化（公元前 5800～前 4700 年）
高 105 厘米，宽 20 厘米

1998 年湖北省秭归东门头出土
湖北省博物馆藏

Stone with sun god design

Neolithic Period, Chengbeixi Culture (5800 BC-4700 BC)
Height:105cm; Width:20cm
From Dongmentou, Zigui, Hubei Province, 1998
Hubei Provincial Museum

　　对于远古的先民来说，宇宙洪荒，日月星辰永恒。太阳照耀着大地，使万物生长，对太阳神的崇拜是最重要的原始崇拜之一。

　　这块石刻就是中国古代太阳神崇拜的最早的实物证据。正面刻画着一个修长的人形，人形头顶上方，是光芒四射的太阳状纹饰。身躯两侧琢刻的圆形，好似宇宙中的大小星辰。

　　稚拙古朴的图案，传达出我们的祖先对于神灵的想象和膜拜。

猪纹黑陶钵

新石器时代，河姆渡文化（公元前 5000 ~ 前 3300 年）
高 11.7 厘米，长 21.7 厘米，宽 17.5 厘米

———————

1973 年浙江省余姚河姆渡遗址出土
浙江省博物馆藏

长方形的夹炭黑陶钵，圆角，平底，两侧外壁上都刻画着猪纹，线条明快粗犷。猪嘴长，鬃毛硬挺，看起来像野猪；鼓鼓的身体却装饰着圆圈和花叶，野性中又有几分温顺。

河姆渡遗址出土的绝大部分陶器都很朴素，仅以几何纹样或与几何纹相近的简单花纹作装饰。像猪纹钵这种刻有动植物图案的陶器，很可能是用于祭祀的特殊器物。它可以证明家猪是由野猪转化而来的。以猪纹装饰陶器，在其他文化类型中尚未发现。

Black pottery bowl with pig design

Neolithic Age, Hemudu Culture (5000 BC–3300 BC)
Height:11.7cm; Length:21.7cm; Width:17.5cm
From Hemudu site, Yuyao, Zhejiang Province, 1973
Zhejiang Provincial Museum

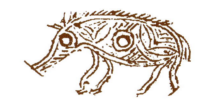

在兹中国

人面鱼纹彩陶盆

新石器时代，仰韶文化（公元前 5000～前 3000 年）
高 16.5 厘米，口径 39.5 厘米

———————————

1955 年陕西省西安半坡遗址出土
中国国家博物馆藏

Painted pottery bowl with fish and human mask design

Neolithic Period, YangShao Culture (5000 BC-3000 BC)
Height: 16.5cm; Diameter of mouth: 39.5cm
From Banpo site Xi'an, Shaanxi Province, 1955
National Museum of China

———————————

　　两组形态奇特的人面鱼纹图样，是这个彩陶盆最鲜明的特征。人面圆圆的，十分有趣，嘴角两边衔着鱼，耳朵部位各有一条鱼，就连头上的装饰物也活像鱼的鳍。整个图案左右对称，不过，人面的额头一半全部涂成黑色，另一半却只涂成黑色半圆形，大概当时的人们就这样纹面吧。

　　类似图案的彩陶盆，半坡遗址曾出土了几件。这些图案有什么意义呢？因为半坡遗址还发现了数量较多的鱼骨和渔猎器具，在陶盆上绘制人面鱼纹，或许是为了祈求渔猎丰收。

4

鹰
形
黑
陶
尊

新石器时期，仰韶文化（公元前 5000 ～前 3000 年）
高 35.8 厘米

———————

1975 年陕西省华县太平庄出土
中国国家博物馆藏

Black eagle-shaped pottery *Zun* (wine vessel)

Neolithic Period, YangShao Culture (5000 BC–3000 BC)
Height:35.8cm
FromTaipingzhuang, Hua County, Shaanxi Province, 1975
National Museum of China

————————————————————

　　在目前已出土的新石器时代陶器中，唯有这一件是鸟类造型。人们曾经把它命名为陶鸮鼎、陶鸮尊、陶鹰鼎等。无论是鹰还是鸮（猫头鹰），其矫健的身姿、迅猛的搏击能力，都使古人敬畏。

　　器物形状与鹰的造型浑然一体。鹰眼圆睁，炯炯有神，弯钩形的喙格外犀利；鹰身威猛雄壮，双腿中空，尾巴下垂落地。"尊"是盛酒的器皿。巧妙的造型设计既增大了酒尊的容量，又极具稳定性，威严庄重，是实用性与观赏性的完美结合。

在兹中国

黄陶鬶

新石器时代，龙山文化（公元前 2500～前 2000 年）
通高 29.7 厘米

————————

1960 年山东省潍坊市姚官庄遗址出土
山东博物馆藏

Yellow pottery *Gui* (boiler)

Neolithic Period, Longshan Culture (2500 BC–2000 BC)
Height: 29.7cm
From Yaoguan site, Weifang City, Shandong Province, 1960
Shandong Museum

　　这件夹细砂黄陶鬶有三个大袋足，流口冲天，颈部粗长，似禽似兽，神气十足，其遒劲有力的样子简直像在仰天长啸。半环形的把手拧成麻花状，连在颈与后袋足之间。鬶上还有圆泥饼、凸弦纹等装饰细节，真是既实用又美观。

　　鬶是一种炊煮器，可用于煮水、温酒或注酒，是龙山文化极具代表性的器物。后代喝酒的时候，经常用到的酒注子、酒执壶，就是从鬶发展出来的。

6

人形纹彩陶瓶

新石器时代，仰韶文化（公元前 5000 ～前 3000 年）

高 31.8 厘米，口径 4.5 厘米

1973 年甘肃省秦安大地湾出土

甘肃省博物馆藏

Painted human-shaped pottery vase

Neolithic Period, YangShao Culture (5000 BC–3000 BC)
Height: 31.8cm; Diameter of mouth: 4.5cm
From Dadiwan, Qin'an, Gansu Province, 1973
Gansu Provincial Museum

是少女被塑在了陶罐上，还是陶罐竟然化成了少女？
齐刘海、面容清秀的她，平视着前方，谛听凝望，若有
所思。浑圆饱满的罐身是她的身躯，似乎在暗示她作为
母亲的旺盛生命力。而花叶和弧形三角，连续三周，环
绕着罐身，又似少女美丽的衣裙。

这件细泥红陶罐，是中国最早的人物题材杰作，具
备母性生殖崇拜的意义。

神人纹玉琮

在兹中国

新石器时代，良渚文化（公元前 3300 ~ 前 2200 年）
高 8.8 厘米，射径 17.6 厘米

1986 年浙江省反山良渚文化墓地出土
浙江省博物馆藏

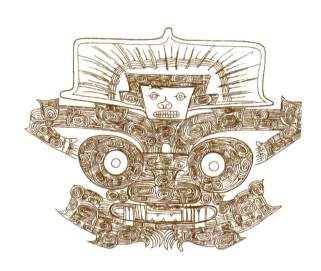

Jade *Cong* with monster mask design

Neolithic Period, Liangzhu Culture (3300 BC–2200 BC)
Height: 8.8cm; Inner Diameter: 17.6cm
From the tomb of Liangzhu Culture, Fanshan, Zhejiang Province, 1986
Zhejiang Provincial Museum

　　良渚文化玉器的形状和纹饰都很规范。可见，这个时期以玉作为礼器的相应制度已经定型。玉以其天生的温润、纯净、坚实、美丽的品质，承载起沟通天地人的重任。其中，数量最多、形体最大、最重要的是玉琮。玉琮内圆外方，模拟天圆地方；中心有柱形孔，象征贯通天地。

　　为了增加威严感，玉琮的表面多刻饰着兽面。此处介绍的"琮王"，表面共装饰了十六组神人兽面图案，上下左右对称，美感充沛。神人头戴羽毛冠饰，表情威毅，似乎正在用力降服下方的巨形猛兽。

　　这种图案可能是当时良渚人的神圣徽记，象征着神权与王权的复合。

玉龙

新石器时代，红山文化（公元前 4000 ～ 前 3000 年）
高 26 厘米，剖面直径 2.3 ～ 2.9 厘米

———————

1971 年内蒙古自治区翁牛特旗三星他拉村遗址采集
中国国家博物馆藏

Jade dragon

Neolithic Period, HongShan Culture (4000 BC–3000 BC)
Height: 26cm; Diameter: 2.3–2.9cm
Collected from Sanxingtala site Wengniute County, Inner
Mongolia Autonomous Region, 1971
National Museum of China

龙的子孙，其龙若何？龙的形象从产生的时候起，就不是人世间任何物体的真实写照，而是先民想象当中的灵异神物，综合了多种禽、鱼、兽类的身体特征，纵横于天空、陆地、海洋之间，行云布雨，变化莫测，寄托了伟大的观念和理想。

从原始社会的图腾崇拜，经夏商周礼仪制度上的强调与完善，到秦汉时期，龙成为皇权的重要象征，历代王朝相沿成习。华夏民族是龙的传人，也成为固定的意涵。

碧绿岫岩玉琢磨而成的"中华第一龙"，龙体弯如虹霓，流畅优美；龙首前伸，长鬣卷曲上扬；龙尾却略向内弯，呼应有致。造型简洁而灵动。

玉猪龙　红山文化
高 15 厘米，宽 10 厘米
辽宁省文物考古研究所藏

在兹中国

七孔玉刀

夏（约公元前 21 ~ 前 16 世纪）

长 65 厘米，宽 9.5 厘米，厚 0.1 ~ 0.4 厘米

1975 年河南省偃师二里头村采集

河南省偃师县文化馆藏

Jade sword with seven holes

Xia Dynasty (c. 21st –16th century BC)

Length: 65cm; Width: 9.5cm; Thickness: 0.1–0.4cm

From Erlitou Village, Yanshi, Henan Province, 1975

The Cultural Center of Yanshi, Henan Province

扁平修长的玉刀既轻又薄，最厚的地方也只有0.4厘米。器身上的七个等距圆孔，似乎可以悬挂，又似乎可以丈量。为了减少长方形的呆板感，刀两端做成对称的齿扉，还刻出几何纹样。

这把玉刀做什么用呢？很明显，又长又薄，作战用不可能，只能作为陈设礼器了。夏代处于由红山文化、龙山文化、良渚文化等向殷商过渡的时期，玉器多用于礼仪。玉刀虽然具备刀形，却只是用来象征权力和威严的礼仪用品。

象牙杯 嵌绿松石夔纹鋬

商（公元前 16 ~ 前 11 世纪）
高 30.3 厘米

1976 年河南省安阳市殷墟妇好墓出土
中国社会科学院考古研究所藏

Ivory cup with *kui* (dragon) design inlaid with turquoise

Shang Dynasty (16th –11th century BC)
Height: 30.3cm
From the tomb of Fuhao, Yin Ruins, Anyang City, Henan Province, 1976
Institute of Archaeology, Chinese Academy of Social Sciences

　　社会等级分化后，只有少数掌握权势的人，才能享受最上等的供奉。象牙器精美而稀少，但是它出现在妇好墓中，就毫不奇怪。妇好既是商王的王后，也是战功赫赫的将军，其墓中陪葬品令人惊叹。

　　米黄色象牙根段雕刻成雅致大方的酒杯，绿松石巧妙镶嵌，将杯身界分为四段，又装饰出华丽的饕餮纹和夔龙纹，在统一的风格中显现出奇妙变化。

　　何等样的美酒，才配得上如此精彩的酒杯呢？

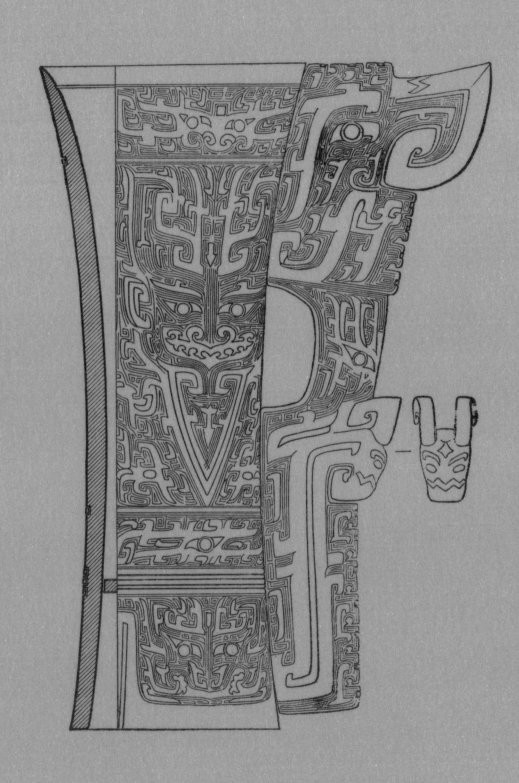

后母戊方鼎

商（公元前 16 ~ 前 11 世纪）

鼎通体高 133 厘米，口长 112 厘米，宽 79.2 厘米，重 832.84 公斤

———

1939 年发现于河南省安阳市武官村

中国国家博物馆藏

Rectangular bronze *ding* (cooking vessel) to worship mother Wu

Shang Dynasty (16th −11th century BC)
Total Height: 133cm; Length of mouth: 112cm; Width: 79.2cm; Weight: 832.84kg
Found at Wuguan, Anyang, Henan Province, 1939
National Museum of China

鼎身威武凝重，螭龙纹环绕四周，四足饰饕餮纹，神秘色彩强烈。

鼎的内壁铸有"后（司）母戊"三个字。殷商时代尊重母系，女子地位较高。该鼎应该是商王为祭祀其母"戊"而铸造，充分展现了商代后期高超的青铜铸造水平。

鼎是礼器当中的食器。社会等级越高，享用的肉类越丰富，使用的鼎越大、越多，鼎的规格就是身份的表征。

后母戊鼎是目前已发现的最大最重的青铜礼器，是名副其实的"国之重器"。

人面纹大禾方鼎

商（公元前 16 ～前 11 世纪）
通高 38.5 厘米，口长 29.8 厘米，口宽 23.7 厘米

————————

1959 年湖南省宁乡县黄材寨子山出土
湖南省博物馆藏

Rectangular bronze *ding* (cooking vessel)
with human mosk design and *Dahe* inscription

Shang Dynasty (16th –11th century BC)
Total height: 38.5cm; Length of mouth brim: 29.8cm;
width of mouth brim: 23.7cm
From Zhaizishan, Huangcai, Ningxiang County, Hunan Province, 1959
Hunan Provincial Museum

以人面为主要纹饰的青铜方鼎仅此一件。浮凸的人面非常写实，弯眉瞪眼，高颧骨，阔嘴唇，肥大的耳朵，神情严肃凝重。鼎作为神圣的礼器，所铸的纹样总是具有非凡的意义，这人面究竟是何方神圣呢？

仔细观察，人面的额头两边有曲折的角，两腮边各有一爪。抽象意味的角和爪，与写实的面庞组合在一起，形成了带角和爪的人面神怪。

鼎内侧近口部，铸有"大禾"二字。《韩非子》中有"丰年大禾"的说法，可能"大禾"一词古已有之，为庄稼丰收之意。或许，这鼎专用于农业祭祀，而人面神怪就是护佑丰收的神灵。

人面纹亚丑钺

商（公元前 16 ~ 前 11 世纪）
高 32.7，肩宽 23.3，刃宽 34.5 厘米

————————

1965 年山东省青州苏埠屯一号大墓出土
山东博物馆藏

Bronze *Yue* (axe) with human mask design
and *Yachou* inscription

Shang Dynasty (16th –11th century BC)
Height: 32.7cm; Width of Shoulder: 23.3cm;
Width of blade edge: 34.5cm
From Tomb 1 in Subutun, Qingzhou, Shandong Province, 1965
Shandong Museum

————————

　　钺原本是一种古代的兵器，属于弧形刃的斧，也许在实战当中作用不大，转而演变成了礼器。如玉钺、铜钺等，多有装饰纹样，象征着兵权。在规格较高、规模较大的墓地中，如果随葬品中有钺，那么，墓主人就是具有相当统治地位的人物。

　　这件铜钺，镂空的人面张口怒目，牙齿整齐，本意是要传达威严之感。但是，嘴角翘起，怎么看怎么像露齿而笑。大笑的嘴角两侧，各有一方"亞醜"（亚丑）铭文，左边为正写，右边为反书。同一处墓地出土的其他铜器上，也有"亞醜"字样，大概这就是亚丑部族的墓地。

　　威严的王侯已经化为尘土，陪葬的铜钺却以一副笑模样，永恒了。

14

四羊铜方尊

在兹中国

商（公元前 16～前 11 世纪）
口径 52.4 厘米，高 58.3 厘米

———————

1938 年湖南省宁乡县月山铺出土
中国国家博物馆藏

Rectangular bronze *Zun* (wine vessel) with four ram heads

Shang Dynasty (16th－11th century BC)
Diameter of mouth: 52.4cm; Height: 58.3cm
From Yueshanpu, Ningxiang, Hunan Province, 1938
National Museum of China

　　殷商时期，羊是祭祀活动中重要的牺牲。而且巫人占卜，羊胛骨也是重要的用具。从日常生活到宗教活动，羊的形象既可亲又通灵。再加上羊、祥谐音，羊又具备了吉祥之意。多种因素相加，神圣的青铜器上频繁出现羊纹，就毫不奇怪了。

　　四羊方尊以羊作为主要纹饰。四只写实度很高的卷角羊头，羊头之间各有一个双角龙头。羊为主，龙为辅，圆雕形式的四羊、四龙两两相对，精致繁缛的云雷纹、兽面纹、蕉叶纹、夔龙纹和凤纹布满器身，细节优美典雅，整体雄浑稳重，堪称青铜瑰宝。与如此精品共流传，更增强了羊的文化寓意。

15

金面铜人头像

商（公元前 16 ~ 前 11 世纪）
高 42 厘米，宽 19.6 厘米

———

1986 年四川省广汉市三星堆遗址出土
广汉三星堆博物馆藏

Bronze human head with gold leaf

Shang Dynasty (16th –11th century BC)
Height: 42cm; Width: 19.6cm
From Sanxingdui ruins, Guanghan, Sichuan Province, 1986
Sanxingdui Museum, Guanghan

李白《蜀道难》曰："蚕丛及鱼凫，开国何茫然。"古蜀国早已消逝，先王蚕丛、鱼凫的事迹一直被吟咏。三星堆遗址为古蜀国的存在提供了确凿的物证。

三星堆出土的七十多件青铜人像，都有相似的面孔和表情，并不是对现实人的模拟，而是高度抽象、夸张，具有强烈的宗教仪式感。

金面头像宽眉垂目，一字型口唇紧闭，表情单调平静，似乎正望着下方。如果它被安放在高处，在它的眼光笼罩之下，必然是虔诚俯伏的民众吧。

16

突目铜面具

商（公元前 16 ~ 前 11 世纪）
面具高 31.5 厘米，宽 77.4 厘米，整体通高 82.5 厘米

1986 年四川省广汉市三星堆遗址出土
广汉三星堆博物馆藏

Bronze mask with protruding eyes

Shang Dynasty (16th -11th century BC)
Height of mask: 31.5cm; Width: 77.4cm; Total height: 82.5cm
From Sanxingdui ruins, Guanghan, Sichuan Province, 1986
Sanxingdui Museum, Guanghan

漫画里的人物，每当惊讶的时候，经常弹出眼珠子。这件面具的眼瞳竟然也异常鼓突，成为柱状，据说古蜀国先王蚕丛就生有这样的"纵目"。眉目、双耳、鼻均夸张狰狞，扁曲的嘴却似笑非笑。整个造型是否在强调视通万里、耳听八方的超现实能力呢？

青铜面具是巫术活动的重要用品，戴上面具，人神合一，体现了古蜀国独特的宗教观念。

三星堆文明与中原文明既有联系，又保持了相对的独立性。中原地区的殷商青铜器强调王权意识和等级观念，而三星堆的青铜器更注重人神沟通。

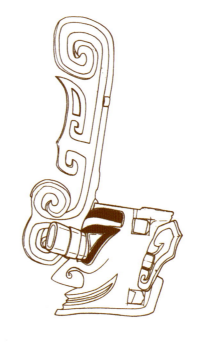

○ 三维成像

17

何尊

西周成王时期（公元前 1042～前 1021 年）
高 39 厘米，口径 28.6 厘米

———

1963 年陕西省宝鸡市贾村镇（今陈仓区）出土
宝鸡青铜器博物院藏

Bronze *He zun* (wine vessel)

Western Zhou Dynasty, Chengwang Period (1042 BC–1021 BC)
Height: 39cm; Diameter of mouth: 28.6cm
From Jiacun (now Chencang District), Baoji, Shaanxi Province, 1963
Baoji Bronze Ware Museum

在文字记载中，首先出现"中国"一词，就是在何尊的铭文当中。铭文铸在尊内底部，记述了西周时成王营建东都成周之事，其中有"宅兹中国"四字。中国在这里指天下的中心，天子居中国才能更好地统治四方。

在祭祀使用的青铜器上铸造铭文，有郑重向列祖列宗汇报之意。

商代的祭祀对象主要是神，周代由于礼乐制度进一步发展，祭祀更加人伦化，祭祀祖先也有祭天之意。

18

噩侯铜方彝

西周（公元前 1046 ~ 前 771 年）

通高 60.1 厘米，口长 14.6 厘米，口宽 13.1 厘米

2007 年湖北省随州市曾都区安居镇羊子山出土

随州博物馆藏

Rectangular bronze *Yi* (wine vessel) made for Marquis E

Western Zhou Dynasty (1046 BC–771 BC)
Total height: 60.1cm; Length of mouth: 14.6cm;
Width of mouth: 13.1cm
From Zengdu District, Suizhou, Hubei Province, 2007
Suizhou Museum

　　宋代人开始把这种方形体的盛酒器称作方彝。

　　西周时期，噩国是南疆的大邦国，日渐强大，在周厉王时起兵反叛，却被周灭掉。方彝盖内的铭文"噩侯乍厥宝障彝"，证明了它的来历。

　　各种神奇兽类蹲踞在器身上，对称的形体，复杂的纹饰，散发着威严又庄重的气息，似乎在威慑异族，昭示本部族的强大。

19

折觥

西周昭王时期（公元前 995 ~ 前 977 年）

通高 28.7 厘米，长 38 厘米；口宽 11.8，横 7 厘米；腹深 12.5 厘米

———————

1976 年陕西省扶风县庄白村出土

宝鸡市周原博物馆藏

Bronze *Gong* (wine vessel)

Western Zhou Dynasty, Zhaowang Period (995 BC–977 BC)
Total Height: 28.7cm; Length: 38cm; Length of mouth: 11.8cm;
Width of mouth: 7cm; Depth of belly: 12.5cm
From Bai Village, Fufeng, Shaanxi Province, 1976
Zhouyuan Museum, Baoji

　　微氏家族第四代折铸就此觥，觥上有铭文，郑重记载了折完成周王使命之后，得到了赏赐的奴隶和青铜。折为此铸青铜觥，祭祀时告慰先人。周代等级制度完善，天子垄断了对于天神的祭祀，贵族阶层的主要祭祀对象就是列祖列宗。

　　觥盖是羊首，觥鋬上则铸出了三种动物元素，从上至下，依次为龙角兽首、鸷鸟、象鼻。器身上还有龙形、兽面。选取这些动物，应该重在其护佑家族的吉祥之意。

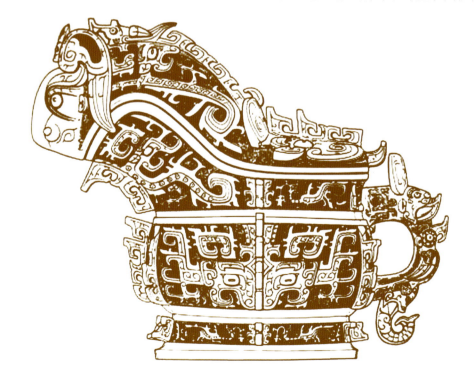

史墙盘

西周恭王时期（公元前 922～前 900 年）

通高 16.2 厘米，口径 47.3 厘米

1976 年陕西省扶风县庄白村出土

宝鸡市周原博物馆藏

Bronze Shiqiang *Pan* (water vessel)

Western Zhou Dynasty, Gongwang Period (922 BC–900 BC)
Height: 16.2cm; Diameter of mouth: 47.3cm
From Zhuangbai Village, Fufeng, Shaanxi Province, 1976
Zhouyuan Museum, Baoji

这件盛水的铜盘依然属于微氏家族。盘内底铸有18行284字铭文,而且是四言韵文,很像《诗经》的文体。前半部分颂扬西周文、武、成、康、昭、穆六世以及当朝天子恭王的业绩和功德,后半段记述家族史,说明微氏家族数世受恩宠,掌管王室威仪和图册典籍。

青铜铸器,永世为宝,作为家族荣耀、兴盛的见证。这长篇铭文,也成为西周历史、书法、文学艺术的重要参考。

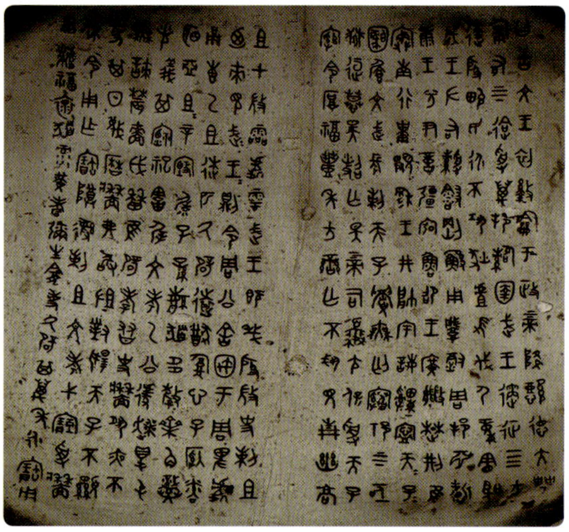

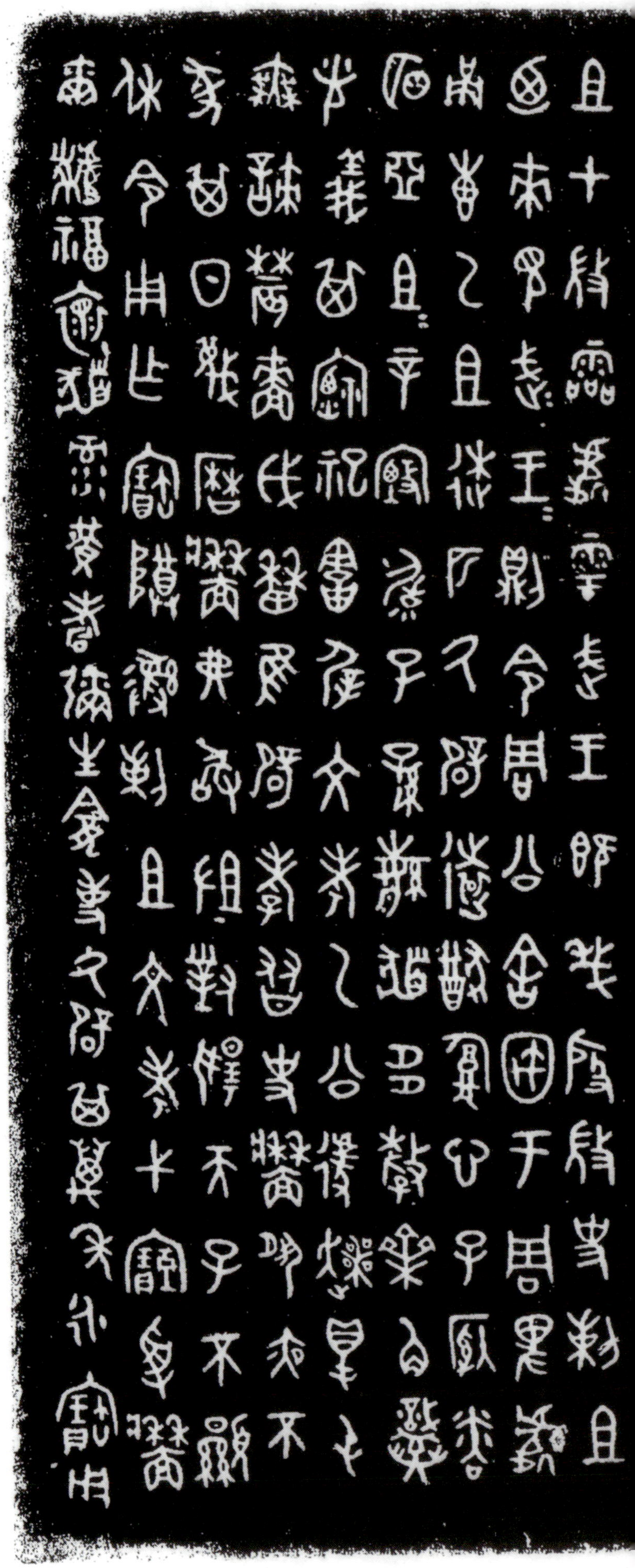

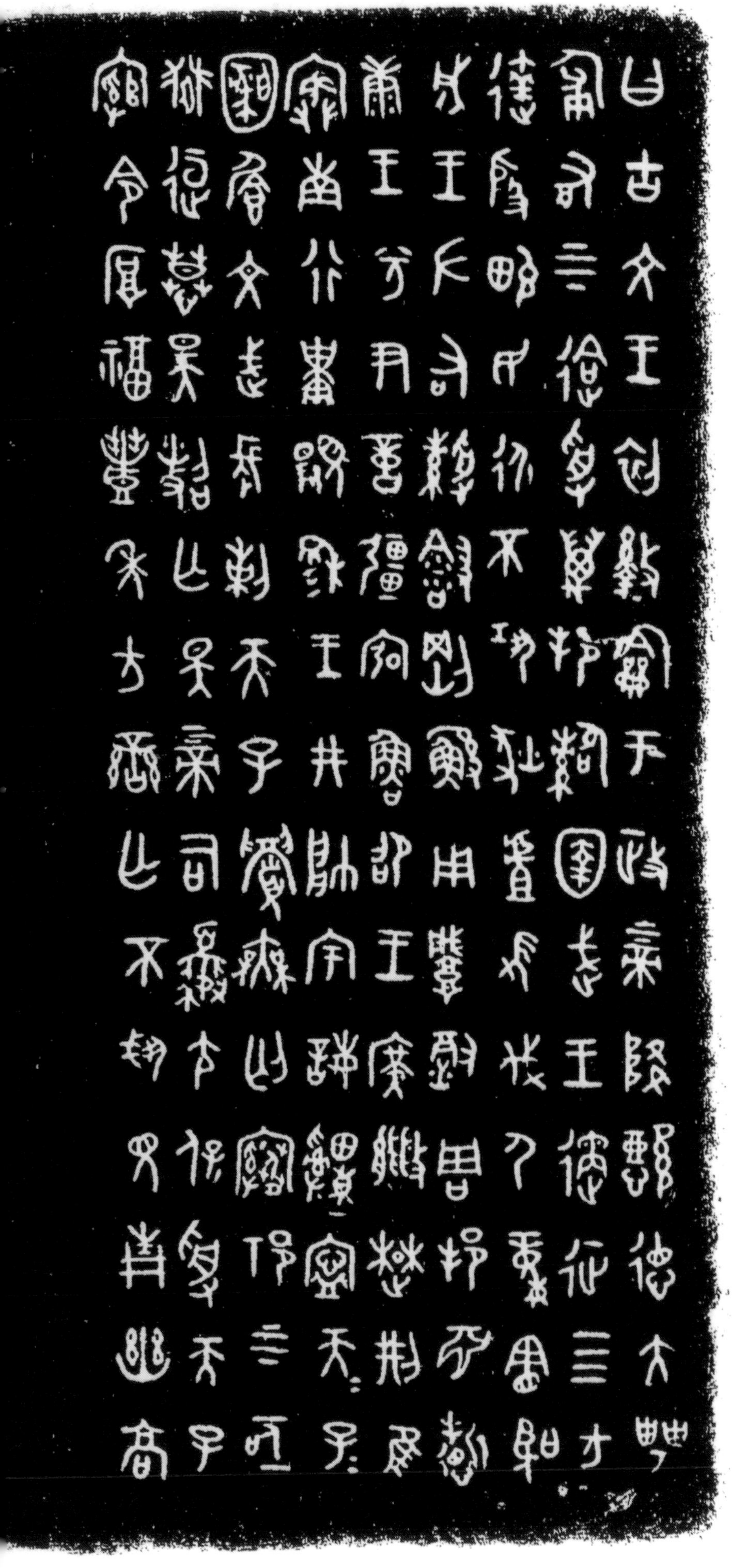

21

伯矩鬲

西周（公元前 1046~ 前 771 年）

通高 33.0 厘米，口径 22.9 厘米，腹径 24.2 厘米

———————

1974 年北京市琉璃河出土

首都博物馆藏

Bronze *Li* (cooking vessel) made by *Boju*

Western Zhou Dynasty (1046 BC–771 BC)

Total height: 33.0cm; Diameter of mouth: 22.9cm; Diameter of belly: 24.2cm

From Liulihe, Beijing City, 1974

Capital Museum

———————

作为一件西周时期的重器，伯矩鬲的铸造目的同样是纪念家族荣耀。

鬲盖内以及颈内壁铸有相同的铭文："在戊辰，匽侯赐伯矩贝，用作父戊尊彝。"即戊辰之日，匽侯赏赐伯矩钱币，伯矩因此作器，以纪念其父。大约是把这难得的荣耀，告知乃父。

这件器物遍身是牛。由上往下观察，盖钮是两个立体的牛首相背，盖面上则是浮雕的相背牛面，而且牛角翘起。三个袋足上均有浮雕的牛首，牛角同样翘起。由器形以及做器的缘由来推断，伯矩的家族应该比较崇尚牛。

22

逨盘

西周宣王时期（公元前 827 ~ 前 782 年）

通高 20.4 厘米，口径 53.6 厘米，

2003 年陕西省宝鸡市眉县杨家村出土

宝鸡青铜器博物院藏

Bronze *Pan* (water vessel) of *Lai*

Xuanwang Period (827 BC–782 BC), Western Zhou Dynasty

Total height: 20.4cm; Diameter of mouth: 53.6cm

From Yangjia Village, Mei, Baoji, Shaanxi Province, 2003

Baoji Bronze Ware Museum

逨盘的盘内铭文，其史料意义相当重大。

铭文 21 行，约 360 字，讲述单氏家族八代人辅佐周王室的历史，明确记载了西周时期文王至宣王十二位天子的世系变迁及重大史实，如文王武王克殷，成王康王开拓疆土，昭王征楚等，与同时期文献及青铜器金文所记基本符合，可以和《史记·周本纪》互相印证。

逨盘为家族所铸，纹饰简洁大方，少了狰狞的宗教巫术意味，而成为传家之宝。

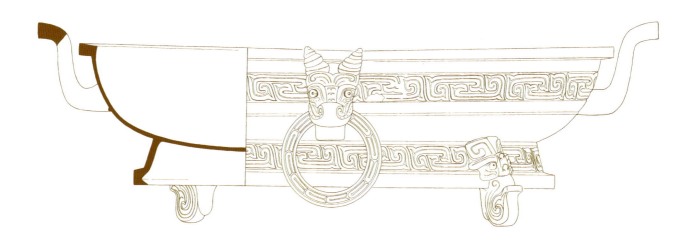

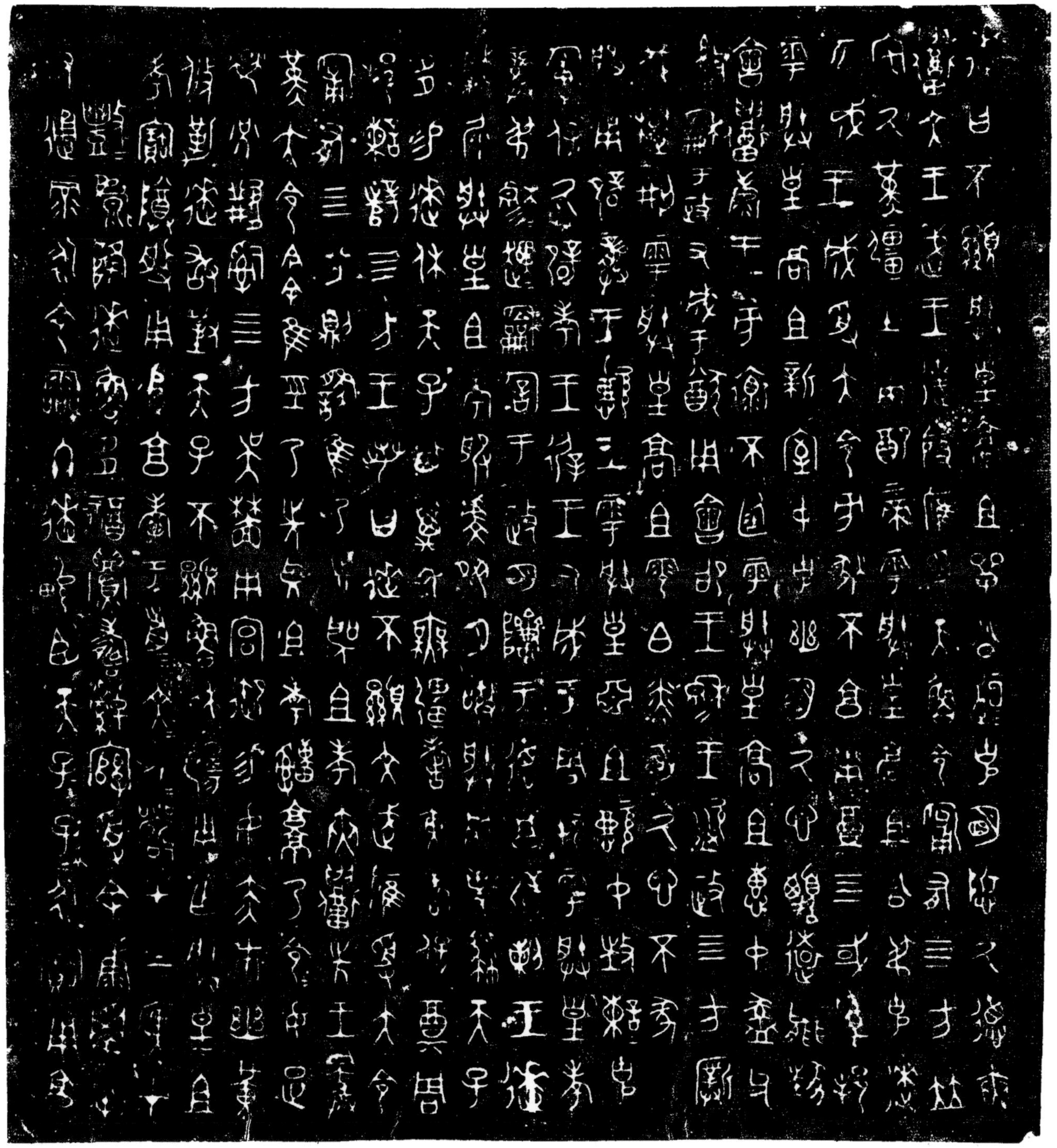

四珩四璜玉佩

西周（公元前 1046 ~ 前 771 年）

其中珩最长者 7.6 厘米，璜最长者 9.2 厘米

1994 年山西省曲沃县天马—曲村晋侯墓地出土

山西省考古研究所藏

Jade pendant with four *Hengs* and four *Huangs*

Western Zhou Dynasty (1046 BC–771 BC)
Heng's maximum length: 7.6cm;
Huang's maximum length: 9.2cm
From the tomb of Marquis Jin, Quwo, Shanxi Province, 1994
Shanxi Provincial Institute of Archaeology

　　大大小小共 282 件各色玉饰穿连在一起，形成华美庄重的杂佩，戴在墓主人的胸腹部。其主要的组件珩、璜之上多雕琢有龙纹。

　　西周时代，与宗法礼制相适应，用玉也等级化、礼仪化了。君子必佩玉，进退行止之间，环佩作响，可以提醒君子的礼仪步态。不同身份等级的人所佩玉的种类数量皆有讲究，不能随意僭越。

　　作为大国诸侯，晋侯和夫人的服饰肯定非同一般。但是，这件杂佩极其考究、规格甚高，却只有四璜，体现了礼制的约束。

透雕云纹铜禁

春秋时期（公元前 770 年~前 476 年）
通高 28.8 厘米，长 131 厘米，宽 67.6 厘米

———————

1978 年河南省淅川下寺 2 号楚墓出土
河南博物院藏

Bronze *Jin* (wine vessel stand)
with openwork cloud design

Spring and Autumn Period (770 BC–476 BC)
Total Height: 28.8cm; Length: 131cm; Width: 67.6cm
From Chu Tomb 2, Xiasi, Xichuan, Henan Province, 1978
Henan Museum

商纣王酒池肉林，亡国身死。周代统治者引以为戒，将盛放酒尊的器具命名为"禁"，即禁止饮酒过度。

虽有禁戒之意，器身却没有任何朴素压抑感，反而极尽雕镂之能事。12个龙形异兽攀附禁沿，12个虎形异兽承托禁身，活泼有序。五层镂空透雕令人叹为观止。

在这精美的器物面前，真是有可能专注于欣赏，浑然忘记把尊饮酒。

鸷形铜尊

春秋时期（公元前 770～前 476 年）

通高 25.3 厘米，长 33 厘米

———————————

1988 年山西省太原市赵卿墓出土

山西博物院收藏

Bird-shaped bronze *Zun* (wine vessel)

Spring and Autumn Period (770 BC–476 BC)

Total Height: 25.3cm; Length: 33cm

From the tomb of Zhaoqing, Taiyuan, Shanxi Province, 1988

Shanxi Museum

《周礼》记载的古代祭祀礼器有"六尊六彝"。鸟尊就是其中之一。

浑圆的身躯，连蹼的鸟足，这只鸷鸟真是憨态可掬。提梁做成虎形，链条连着鸟背上的小盖。虎的前爪紧紧抓住鸟颈，而鸟颈似乎吃痛，在用力前伸。鸟喙上部就是可开合的流口，鸟身前倾，流口就自动打开。

墓主人赵卿即曾经叱咤疆场、雄霸诸侯的赵简子，其墓中随葬品多达三千余件。鸷形铜尊是其中最精美的青铜器。

即使仍然用于祭祀，春秋晚期的青铜器也越来越生活化，越来越有人情味了。

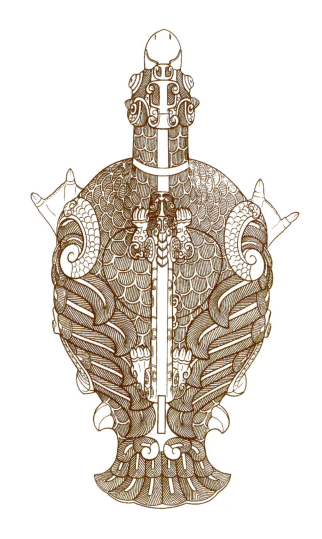

27

越王勾践剑
吴王夫差矛

春秋时期（公元前 770 ～前 476 年）
越王勾践剑：长 55.7 厘米，宽 4.6 厘米
吴王夫差矛：长 29.5 厘米，宽 3 厘米

1965 年湖北省江陵县（现荆州市荆州区）望山 1 号墓出土
1983 年湖北省江陵县（现荆州市荆州区）马山 5 号墓出土
湖北省博物馆藏

Sword of Gou Jian, Prince of Yue

Spring and Autumn Period (770 BC–476 BC)
Length: 55.7cm; Width: 4.6cm
From Tomb 1, Wangshan, Jiangling
(now Jingzhou District of Jingzhou City), Hubei Province, 1965
Hubei Provincial Museum

Spearhead of Fu Chai, Prince of Wu

Spring and Autumn Period (770 BC–476 BC)
Length: 29.5cm; Width: 3cm
From M5, Mashan, Jiangling, Hubei Province, 1983
Hubei Provincial Museum

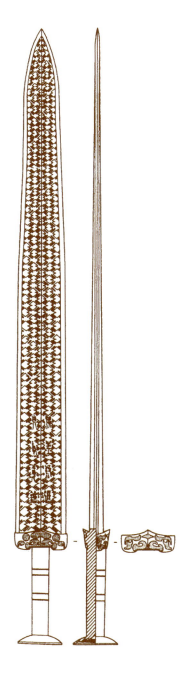

　　吴越争霸是春秋时代的一出大戏。越王勾践卧薪尝胆兼使美人计，终于打败了吴王夫差，为后人留下了多少谈资。越王勾践剑与吴王夫差矛的先后出土，似乎把这场争霸赛又持续了两千年。

　　勾践剑出土时锋利如新，两行错金鸟篆体铭文是："越王鸠潜（一说鸠浅，通"勾践"）自乍（通"作"）用剑。"剑身布满规则的黑色菱形暗格花纹。

　　夫差矛上同样有错金铭文："吴王夫差自乍（作）甬（用）矛。"矛身上的装饰也是菱形暗纹。

　　两件兵器冶铸的精良程度、修饰的美感，完全相当，似乎在替主人展示各自的战斗实力。

28

在兹中国

曾
侯
乙
编
钟

战国时期（公元前 475 ~ 前 221 年）

编钟整体长 748 厘米，宽 335 厘米，高 273 厘米

1978 年在湖北省随县（今随州市）擂鼓墩曾侯乙墓出土

湖北省博物馆藏

A chime of bell of Marquis *Yi* of the state of Zeng

Warring States Period (475 BC–221 BC)

Total length: 748cm; Width: 335cm; Height: 273cm

From the tomb of Marquis Yi of Zeng State, Leigudun,

Sui County (now Suizhou City), Hubei Province, 1978

Hubei Provincial Museum

在王侯的宫殿中，人们举止高贵，揖让雍容。成套悬挂在架上的青铜编钟，井然有序，气势恢弘。乐声正在回响，悠远而从容，钟鸣鼎食，雍容气派。

曾侯乙编钟，是中国迄今发现的数量最多、保存最好、音律最全的一套编钟。其音域跨五个半八度，十二个半音齐备。铸钟之上有铭文，多属于音乐文献。

用金属铸造乐器，合金成分与乐钟性能之间的关系极其关键。这套两千多年前的编钟乐声清亮，悠扬动听，被美誉为"歌钟"。其高超的铸造技术和良好的音乐性能，在世界音乐史上占有重要的地位。

木雕梅花鹿

战国时期（公元前 475～前 221 年）
通高 77 厘米，身长 45 厘米，身高 27 厘米

———————————

湖北省随县（今随州市）擂鼓墩曾侯乙墓出土
随州博物馆藏

Sika deer, wood-carving

Warring States Period (475 BC–221 BC)
Total Height: 77cm; Body Length: 45cm; Body Height: 27cm
From the tomb of Marquis Yi of Zeng State, Leigudun, Suizhou,
Hubei Province, 1978
Suizhou Museum

———————————

　　战国时代，楚人尤其爱鹿，以之为吉祥平和的象征。曾侯乙墓出土的这件漆器梅花鹿，色彩沉静绚丽，整木雕成的鹿生动安详。更有趣的是，鹿头上所插的竟然是真正的鹿角。

　　中国使用漆器的年代很早，但是漆器不易保存，故战国以前的实物出土较少。曾侯乙墓的漆器梅花鹿保存如此完好，真是难能可贵。

30

铜错金银双翼神兽（一对）

战国时期（公元前 475 ～前 221 年）

通长 40 厘米，高 24 厘米

———————

1978 年河北省平山县中山王墓出土

河北博物院藏

Bronze two-winged lengendary beast inlaid with gold and silver

Warring States Period (475 BC–221 BC)
Total length: 40cm; Height: 24cm
From the tomb of King Zhongshan, Pingshan, Hebei Province, 1978
Hebei Museum

中山王国由白狄族鲜虞部落建立，战国时期一度与齐、魏、燕、赵等大邦抗衡。可惜由于历史短暂，记载缺乏，遗迹湮没无闻。直到有关文物出土，才向世人展现了中山王国奇特的文化风格。

两肋生双翼的神兽，昂首咆哮，四肢蹲踞的姿势似乎随时扑出去，双翼又似乎随时振开，凶悍恐人，身上的云纹也千变万化。这尊神兽如此怪异，在战国时期的出土文物中是绝无仅有的。

31

在兹中国

铜牺立人擎盘

战国时期（公元前 475 ～前 221 年）
高 14.5 厘米，长 18 厘米，盘径 14 厘米

1965 年山西省长治市分水岭出土
山西博物院藏

Bronze Pan(dish) held by a standing figure on a ritual animal

Warring States Period (475 BC–221 BC)
Height: 14.5cm; Length: 18cm; Diameter of pan: 14cm
From Fenshuiling, Changzhi, Shanxi Province, 1965
Shanxi Museum

古代祭祀所用的牲畜，统一称"牺"。牺背上站立着一个人像，双手握柱，柱上有镂空的圆盘。圆盘像伞盖一样，可以随着柱子旋转。

人像清秀，牺敦实驯良，镂空的盘却装饰着众多蛇纹。这件器物有什么实际用途？又有什么价值内涵？谜团仍未解开，像这头牺一样神秘，不知道是什么动物。

32

在兹中国

宴乐渔猎攻战纹铜壶

战国时期（公元前 475 ～前 221 年）
高 31.6 厘米，口径 10.9 厘米

1935 年河南省汲县（今卫辉市）山彪镇一号墓出土
故宫博物院藏

Bronze *Hu* (wine vessel) inlaid with scenes of banquets,
musical performances, fishing, hunting and battles

Warring States Period (475 BC–221 BC)
Height: 31.6cm; Diameter of mouth: 10.9cm
From Tomb 1, Shanbiao, Ji County(now Weihui City),
Henan Province, 1935
The Palace Museum

青铜壶上的场面丰富多彩，采桑、射礼、宴飨、打猎、捕鱼、劳作、征战……把一个时代的多种侧面生动地呈现出来，将近两百个人物和将近一百个动物的形象活灵活现。青铜纹饰由庄严肃穆的巫术宗教题材，进入了伦理化的人性时代。

这只壶，采用了兴起于春秋时期的错金银工艺。错金银，也叫嵌错，把金银丝、片嵌入青铜器的表面，构成图案纹样或文字。高超的工艺细节，更加映衬出画面的美感。

33

虎牛铜案

战国时期（公元前 475 ~ 前 221 年）
高 43 厘米，长 76 厘米

———————

1972 年云南省江川县李家山 24 号墓出土
云南省博物馆藏

Bronze *An* (ritual table) in the shape of one tiger
and two oxen

Warring States Period (475 BC–221 BC)
Height: 43cm; Length: 76cm
From Tomb 24, Lijiashan, Jiangchuan,
Yunnan Province, 1972
Yunnan Provincial Museum

　　中原地区的青铜器，造型往往对称、稳重、
庄严。与之相比，边疆民族创造的作品，不拘
一格。这张青铜案足以证明滇文化的彪悍与奇
特。滇国存在于战国秦汉时期，是滇人在云南
滇池一带所建立的政权。

　　造型似乎定格在一场搏杀中。猛虎攀爬牛
身，狠狠咬住牛尾。小牛胆怯地躲在大牛腹下，
大牛却异常沉稳。一动一静，气氛紧张，力度
平衡。

　　这样奇特而充满生命力的器具，是滇国贵
族盛放祭品的礼器。

二 辉煌灿烂

秦代——唐代

The Brilliant and Shining Age
(Qin Dynasty — Tang Dynasty)

汉唐盛世，令多少国人魂牵梦绕！

盛世是怎样铸成的？

秦始皇实行书同文、车同轨，奠定了基本格局。汉代通使西域，丝绸之路商旅繁忙，打开了中原文明与世界文明交流的门户。自汉晋，直到隋唐，民族空前大融合。在衣食住行、音乐歌舞等许多方面，汉胡习俗交融互补，文化氛围空前丰富；而且佛教、道教发展鼎盛，与儒家思想制度和谐共存，形成了均衡的社会意识形态。正是这样恢弘的气度、海纳百川的胸怀，才铸就了辉煌的盛世。

34

秦始皇陵兵马俑
一号铜车

秦（公元前 221—前 206 年）
陕西省西安市以东临潼

Terra Cotta Warriors and Horses, and No.1 Bronze
Chariot of the Mausoleum Emperor Qinshinghuang

Qin Dynasty (221 BC–206 BC)
Lingtong, Xi'an, Shaanxi Provice

　　秦始皇的威猛之师，扫荡六合，统一天下。

　　始皇帝需要这样的军队继续保卫自己的野心和梦想，同时，也向逝去的先人展现如今的国威。于是，无生命的陶泥，塑成了栩栩如生、威风凛凛的兵马俑，和真人、真马大小相似，陪葬在秦始皇陵。

　　秦始皇是否登仙不得而知，但是，无敌于天下的秦国将士们，以兵马俑的形式获得了永生。

跪射俑

二号坑出土

高级军吏俑

一号坑出土

一号坑军阵

一号铜车

车马陪葬坑出土

35

丁形帛画

西汉（公元前 206 ~ 公元 25 年）
总长 205 厘米（上部长 67 厘米，下部长 138 厘米），
上部宽 92 厘米，下部宽 47.7 厘米

1972 年湖南省长沙市马王堆 1 号墓出土
湖南省博物馆藏

T-shaped silk painting

Western Han Dynasty (206 BC–25 AD)
Total length: 205cm (Upper length: 67cm; Lower length: 138cm);
Upper width: 92cm; Lower width: 47.7cm
From Han Tomb 1 at Mawangdui, Changsha, Hunan Province, 1972
Hunan Provincial Museum

汉代初年，神仙方术思想影响较大。在这幅汉代最早的独幅绘画作品中，精妙地呈现了神仙世界与现实世界的呼应与交响。

上部是天国仙界，蟾蜍代表的月、金乌代表的日，拱卫蛇身神人。中部，墓主人正在等候着被接引升天，送别的人在跪拜。与这人间的写实场景相对应的，是天上的想象画面：守门的神人已经在观望，欢迎的铎已经在振响。一枚巨大的玉璧，又将地下世界分隔出来，奇形怪状的神兽异物正在祭祀。

蟠曲的龙的形象，贯穿了整幅画面，营造了对称的稳定感，也鲜明地表示出龙的通灵神圣。

这幅帛画，又名非衣，也就是似衣而非衣的意思，用于引魂升天。画面细节复杂，但是繁而不乱，协调完美。

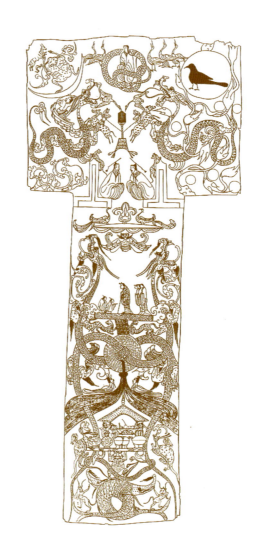

跽坐拱手陶女俑

西汉（公元前 206 ～公元 25 年）
高 33 厘米

———————

1995 年陕西省西安市阳陵陪葬墓园出土
汉阳陵博物馆藏

Pottery figure of a lady with clasped hand

Western Han Dynasty (206 BC–25 AD)
Height: 33cm
From the attendant tomb of Yang Mausoleum, Xi'an,
Shaanxi Province, 1995
Hanyangling Museum

优雅而恬静地跽坐于面前，双袖似掩非掩，似乎含情待诉，欲言又止。细眉秀目，乌发朱唇，这无限的娇羞与韵致，真要把人看呆了。

上衣下裳相连的深衣，样式端庄大方，色彩协调，与跽坐的谦恭礼仪相得益彰。

一尊陶俑，尽显汉景帝太平盛世里的安逸。

铜错金朱雀衔环杯

西汉（公元前 206～公元 25 年）
通高 11.2 厘米，宽 9.5 厘米

———————————

1968 年河北省满城中山靖王刘胜妻窦绾墓出土
河北博物院藏

Bronze cup in shape of scarlet bird with disk inlaid with gold

Western Han Dynasty (206 BC–25 AD)
Total height: 11.2cm; Width: 9.5cm
From the tomb of Dou Wan, Mancheng, Hebei Province, 1968
Hebei Museum

　　南朝梁时吴均《续齐谐记》讲述了一个报恩故事：东汉杨宝从鸱鸮爪下解救了一只黄雀，黄雀衔来四枚白玉环，报答杨宝，并许诺让杨宝的子孙兴旺发达。

　　这西汉时代的朱雀衔环，是不是也有一个动人的传说呢？有没有启发后代的黄雀故事呢？

　　朱雀踏异兽，衔玉环，伸展双翅，神采昂扬。雀身及杯身都是错金嵌绿松石，色彩斑斓。杯出土时，内有朱红色痕迹，可能为化妆品。那么，作为贵妇人妆台之物，怪不得如此富丽精致。

铜错金云纹博山炉

西汉（公元前 206 ～公元 25 年）
高 28 厘米

———————

1968 年河北省满城陵山一号汉墓出土
河北博物院藏

Bronze Boshan incense burner with cloud design
inlaid with gold

Western Han Dynasty (206 BC–25 AD)
Height: 28cm
From Han Tomb 1, Lingshan, Mancheng, Hebei Province, 1968
Hebei Museum

———————

　　"欢作沉水香，侬作博山炉。"（汉乐府《杨叛儿》）多少柔情蜜意都上演在熏香的场景中。

　　据说海外有博山、瀛洲、蓬莱三座仙山。香炉拟形仙山，嶙峋别致，当香烟氤氲，香气缭绕时，自然就有了云蒸霞蔚的飘举之感。

　　香在衣，美在怀，何处不销魂？不禁吟唱："博山炉中沉香火，双烟一气凌紫霞。"（李白《杨叛儿》）

39

双
龙
谷
纹
白
玉
璧

西汉（公元前 206 ～公元 25 年）
高 25.9 厘米，外径 13.4 厘米

1968 年河北省满城陵山一号汉墓出土
河北博物院藏

White jade *Bi* (disk) with double-dragon design

Western Han Dynasty (206 BC–25 AD)
Height: 25.9cm; Outer diameter: 13.4cm
From Han Tomb 1, Lingshan, Mancheng, Hebei Province, 1968
Hebei Museum

《周礼》所规定的六器是璧、琮、圭、璋、琥、璜。至西汉时，数量最多、用途最广的是玉璧。

除了祭祀礼仪必须用玉璧之外，丧葬仪式当中，玉璧也不可或缺。

这件白玉璧的两面琢刻谷纹，上端透雕双龙卷云纹高钮。此种器型的汉代玉璧，目前仅见这一件。

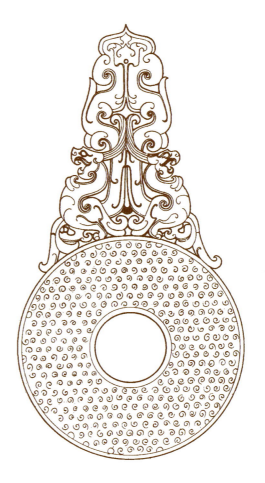

青玉角杯

西汉（公元前 206 ～ 公元 25 年）
通高 18.4 厘米，口径 5.9 ～ 6.7 厘米，
壁厚 0.2 ～ 0.3 厘米，重 372.7 克

1983 年广州市南越王墓出土
西汉南越王博物馆藏

相传犀牛角是灵异之物，以之做酒杯，可
以解毒。玉，在古人的观念中，更是通灵神圣
的材质。

那么，依托玉石的天然形状，雕琢成一只
仿犀牛角杯。这杯是否具备双重功效呢？

南越国的能工巧匠们，娴熟运用浅浮雕、
高浮雕、圆雕等技艺，把整块青玉打造成这件
独特宝物。

Horn-shaped green jade rhython

Western Han Dynasty (206 BC–25 AD)
Total height: 18.4cm; Diameter of mouth: 5.9–6.7cm;
Thickness: 0.2–0.3cm; Weight: 372.7g
From the Nanyue King Mausoleum, Guangzhou,
Guangdong Province, 1983
Museum of the Western Han Dynasty Mausoleum
of the Nanyue King

云鸟纹漆盘

西汉（公元前 206 ～公元 25 年）
口径 25.8 厘米，高 5.5 厘米

―――――――――

1992 年湖北省江陵市高台汉墓出土
荆州博物馆藏

　　三只凤鸟举首迈步，似乎正在和鸣。其形态虽然简洁，仍属于仿生写实的风格。云龙纹翻腾卷绕，连续萦回，遍布盘面，但是，其形态却抽象写意，极为洗练。

　　龙舞凤鸣，相辅相成。画面生动活泼，色泽饱满。

　　汉代是漆器工艺的黄金时代。在这个时期，漆器工艺从实用性的装饰艺术，走向了欣赏价值更高的绘画艺术。

Lacquered plate with cloud dragons and bird design

Western Han Dynasty (206 BC–25 AD)
Diameter of mouth: 25.8cm; Height: 5.5cm
From the Han tomb, Gaotai Village, Jiangling City, Hubei Province, 1992
Jingzhou Museum

鎏金中国大宁博局纹铜镜

西汉新莽时代（9 ~ 23 年）
直径 18.6 厘米，厚 1.3 厘米

1952 年湖南省长沙市伍家岭出土
中国国家博物馆藏

Gilt Bronze Mirror with *Daning* inscription

Xinmang Period (9 AD–23 AD), Western Han Dynasty
Diameter: 18.6cm; Thickness: 1.3cm
From Wujialing, Changsha, Hunan Province, 1952
National Museum of China

铜镜是汉代人的重要日常用品，相关的铸造技术获得了重大发展。汉镜上的装饰纹样多姿多彩，表达美好祝愿的铭文也种类繁多。有"大乐贵富，千秋万岁"这样的吉祥颂辞，有"长相思，愿毋相忘"之类的深情叮咛，还有"王氏作镜真大好，上有仙人不知老"的广告词，甚至有"幽炼三商"的铸造技巧说明……

凡此种种，都不如这面镜的铭文有意义，其五十二字的铭文中有"中国大宁子孙益昌"字样。虽然当时的"中国"所指与我们今天所指并不一致，但"中国大宁"的祝福，却是我们每个炎黄子孙共同的心愿。

陶船

东汉（25 ~ 220 年）
长 54 厘米，高 16 厘米

1954 年广东省广州市先烈路东汉墓葬中出土
中国国家博物馆藏

Funerary pottery boat

Eastern Han Dynasty (25 AD–220 AD)
Length: 54cm; Height: 16cm
From Eastern Han tomb, Xianlie Road,
Guangzhou, Guangdong Province, 1954
National Museum of China

舵是中国古代造船技术上的重要发明，是对世界航运史的杰出贡献。

这艘细节逼真的陶船提供了最早的船舵资料。船首有石船锚——碇，船尾有舵，舵杆通过舵室固定在船尾部。船上有六个人物，还有六组矛和盾。显然他们不光是船工，还是保护船的武装力量。按人物身高比例推算，船长约十四五米，在当时属于中等长度。很明显，这是一艘航行内河航道的运输船。

击鼓说唱陶俑

东汉（25 ~ 220 年）

通高 66.5 厘米

———

1963 年四川省郫县宋家林东汉砖室墓出土

四川博物院藏

Pottery figure of a storyteller with a drum

Eastern Han Dynasty (25 AD–220 AD)

Total Height: 66.5cm

From Eastern Han Tomb, Songjialin,

Pi County, Sichuan Province, 1963

Sichuan Museum

　　别以为古人都是迂腐的老夫子，他们和今天一样，三教九流，形形色色，市井娱乐的需求催生了滑稽表演。

　　看这个说唱俑，赤裸着上身，正在卖力地表演，耸肩歪头，伸长脖子，眯眼吐舌。左手捧扁平鼓，右手持棒，一边说一边唱一边敲鼓。演到兴奋处，手舞足蹈，全然不顾裤子侉塌塌即将脱落。

　　这个说唱俑，滑稽的表演，活灵活现，现在看起来，依然令人忍俊不禁。

47

铜错银牛灯

东汉（25 ～ 220 年）

通高 46.2 厘米，牛身长 36.7 厘米

1981 年江苏省邗江县甘泉 2 号汉墓出土

南京博物院藏

Ox-shaped bronze lamp inlaid with silver

Eastern Han Dynasty (25 AD–220 AD)
Total Height: 46.2cm; Length: 36.7cm
From Han tomb 2, Ganquan, Hanjiang,
Jiangsu Province, 1981
Nanjing Museum

　　长夜漫漫，对着一盏错银铜牛灯，估计不会有形影相吊的嗟叹，因为它别致的外形、精巧的结构，只会引发人的欢喜赞叹。

　　此灯与雁衔鱼灯有异曲同工之妙，实用性强，装饰性好。

　　灯座是一头敦实壮硕的牛，背负灯盏。点燃灯火之后，烟尘沿着灯罩上方的烟管，直达牛腹，消融在腹内清水中。灯座、灯盏、烟管，这三部分均可拆卸，使用和擦洗相当简便。

在兹中国

五星出东方
利中国锦护膊

汉晋时期（25 ~ 420 年）
长 18.5 厘米，宽 12.5 厘米

1995 年新疆维吾尔自治区民丰县尼雅遗址出土
新疆维吾尔自治区博物馆藏

Brocade arm protector with Chinese characters

Han and Jin Dynasties (25 AD–420 AD)
Length: 18.5cm; Width: 12.5cm
From Niya ruins, Minfeng, Xinjiang, 1995
Museum of Xinjiang Uygur Autonomous Region

这块织锦护膊（护臂）属于精绝古国之物，色彩绚丽，织出了星辰、云朵、飞鸟、辟邪、虎等多种形象，最为奇特之处，在于纹样上下，各织出一行汉字"五星出东方利中国"。

所谓五星，指"岁星"、"荧惑星"、"填星"、"太白星"、"辰星"，即木星、火星、土星、金星和水星。据《史记·天官书》，五大行星聚首东方是祥瑞之兆，预示中原王朝兴盛。

精绝古国与中原王朝同呼吸共血脉的密切感，在一块织锦上展现出来了。

49

铜
奔
马

东汉（25 ~ 220 年）

高 34.5 厘米，身长 45 厘米，宽 13 厘米

———————————

1969 年甘肃省武威市雷台出土

甘肃省博物馆藏

Bronze galloping

Eastern Han Dynasty (25 AD–220 AD)

Height: 34.5cm; Length: 45cm; Width: 13cm

From Leitai, Wuwei, Gansu Province, 1969

Gansu Provincial Museum

———————————

　　天马行空，居然踏上飞燕。飞燕惊
愕回首。这一瞬间的矫健，动感十足，
又因为支撑点和重心的巧妙安排，格外
平衡。

　　马踏飞燕，真正是想落天外的构思，
浪漫而豪迈。1985 年，被确定为中国旅
游业的标志。

○ 三维成像

青瓷羊烛台

三国吴（222 ~ 280 年）

长 30.5 厘米，高 25 厘米

1958 年江苏省南京市清凉山吴墓出土

中国国家博物馆藏

Celadon candlestick in shape of a ram

Three Kingdoms Period (222 AD–280 AD)
Length: 30.5cm; Height: 25cm
From Wu tomb, Qingliang Mountain, Nanjing,
Jiangsu Province, 1958
National Museum of China

　　魏晋南北朝时期，中国瓷器发展的第一个高峰
出现了，这就是越窑的青瓷。越窑青瓷喜用各种各
样的动物形象。于是，可爱的羊又出现在瓷器中了。

　　这羊温顺地跪伏在地，抬首张嘴，似乎咩咩有
声。烛台的造型亲切纯朴。这不是一只普通的羊，
看它的腰间，还刻划着双翼呢。这种造型反映了三
国东吴地区的审美风尚。

51

王羲之《兰亭序》帖
（冯承素摹本）

东晋（317 ~ 420 年）

纸本，行书

纵 24.5 厘米，横 69.9 厘米

故宫博物院藏

Copy of "Purification at Orchid Pavilion",
by Feng Chengsu

East Jin Dynasty (317 AD–420 AD)
Original form written on paper, running script
Length: 24.5cm; Width: 69.9cm
The Palace Museum

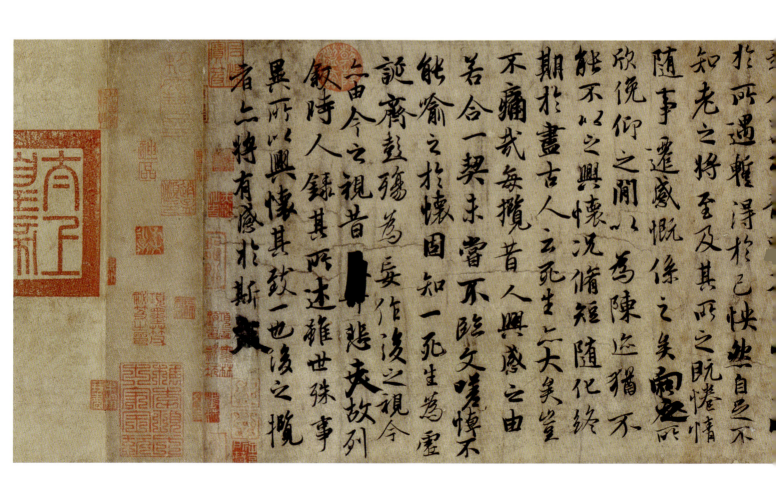

唐太宗最爱王羲之的书法，想方设法得到了书圣平生最得意之笔《兰亭集序》，诏令当时的书法名手冯承素、虞世南、褚遂良等人钩摹副本，其中冯承素所摹的"冯本"为唐人摹本中最接近真迹者。

唐太宗死后，以《兰亭集序》陪葬。后代的人们，只好从冯本中追想书圣风采，想象这"天下第一行书"的无比美妙。

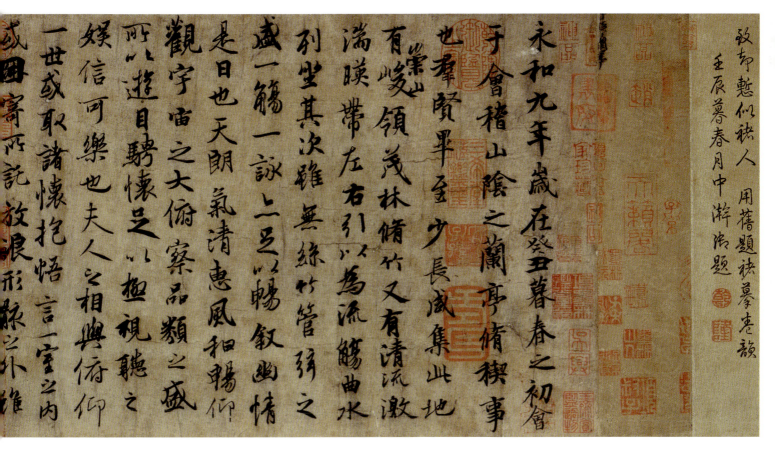

盛一觴一詠亦足以暢叙幽情

是日也天朗氣清惠風和暢仰

觀宇宙之大俯察品類之盛

所以遊目騁懷足以極視聽之

娛信可樂也夫人之相與俯仰

一世或取諸懷抱悟言一室之內

或因寄所託放浪形骸之外雖

永和九年歲在癸丑暮春之初會

于會稽山陰之蘭亭修禊事

也群賢畢至少長咸集此地

有峻領茂林脩竹又有清流激

湍暎帶左右引以為流觴曲水

列坐其次雖無絲竹管弦之

52

张萱《虢国夫人游春图》

（宋摹本）

唐（618～907年）

绢本，设色，

纵 51.8 厘米，横 148 厘米

辽宁省博物馆藏

Copy of "Lady of the Guo State and Her sisters
setting Forth on a Spring Outing" by Zhang Xuan

Tang Dynasty(618 AD–907 AD)
Ink and color on silk
Length: 51.8cm; Width: 148cm
Liaoning Provincial Museum

雍容华贵的仕女靓妆绚服，骑着高头骏马，招摇过市，这幅场景，在盛唐时代的春天里相当常见。女人出行，按照儒家传统规范，应该有所遮挡。但是，在风气开放的盛唐，女人有相当大的活动自由，经常趁着踏青出游，毫无顾忌地展露身姿容貌，似乎要和美景争奇斗艳。

天宝年间，杨贵妃一人专宠，全家受恩。她的姊妹虢国夫人、秦国夫人，都风流放诞，热衷于夸耀自家的财势和美貌。《虢国夫人游春图卷》并无花草，但是人物的衣衫轻薄鲜亮，桃红浅绿相互映衬，自然而然传递出无边春色。

53

乐舞纹黄釉陶扁壶

北齐武平六年（575 年）
高 19.5 厘米，宽 16.5 厘米，口径 6.4 厘米

———————

1971 年河南省安阳范粹墓出土
河南博物院藏

Yellow glazed pottery flask with scene
of dancing and musical performance design

Dated the sixth year of Wuping (575 AD), Northern Qi
Height: 19.5cm; Width: 16.5cm; Diameter of mouth: 6.4cm
From the tomb of Fancui, Anyang, Henan Province, 1971
Henan Museum

———————

　　胡腾舞，从西域传入中原，在北朝至唐代
风靡一时。这种舞蹈到底怎么跳呢？从陶壶纹
样上可以看到，五个高鼻深目、身着胡服的西
域人。一人居中，举臂扭胯正在跳舞。其余四
个，或击钹，或弹琵琶，或吹横笛，或击掌伴唱，
组成了一支热热闹闹的小乐队。

　　装饰题材是胡腾舞，壶的形制也模仿西域
的皮囊。这件壶的制作，就是在向西域艺术致
敬吧。

54

镶金屏风石棺床

隋唐（581 ~ 907 年）
通高 123 厘米，宽 115 厘米，长 218 厘米

———

1982 年甘肃省天水市秦州区石马坪出土
天水市博物馆藏

根据墓葬的形制以及屏风画的风格来推断，这座石棺床属于隋唐时的来华粟特贵族。墓葬特点体现出袄教艺术与中原墓葬艺术的共同影响。

石棺床围屏的整幅画面，以墓主人夫妻对坐宴饮为中心，分别表现了宴饮、出行、狩猎、祭祀、亭台楼阁等场景。床沿镌刻的连珠忍冬纹，是萨珊波斯以及粟特地区袄教艺术中的典型纹样。还有畏兽、伎乐等雕刻图形，也是传入中国的袄教采用较多的图像。

波斯本土的习俗不喜土葬，多天葬，还有以山崖为墓的传统。来到华夏地区的粟特人，因为受到礼仪制度的约束，逐渐采取了入土掩埋的方式。同时，他们也吸取了中原的石棺葬法，以围屏石榻作为葬具，从而以折中的方式维持了自己的信仰习惯。

Stone sarcophagus bed with gilt screen

辉煌灿烂
秦代—唐代

Sui and Tang Dynasties (581 AD–907 AD)
Total Height: 123cm; Width: 115cm; Length: 218cm
From Shimaping, Qinzhou District,
Tianshui, Gansu Province, 1982
Tianshui Museum

青釉凤首壶

唐（618 ～ 907 年）

高 41.3 厘米，口径 9.5 厘米

故宫博物院藏

Celadon ewer with phoenix-head spout

Tang Dynasty (618 AD–907 AD)
Height: 41.3cm; Diameter of mouth: 9.5cm
The Palace Museum

　　唐代是多民族多种文化的大融合时期，外来文明的影响遍及社会各个层面，工艺品自然也不例外。

　　这件通体浮雕的青釉瓶，以精致的凤首为盖，以龙身为柄，采用了多种装饰技法，纹样繁复，装饰细密。明显受到了波斯鸟首壶的影响，融波斯萨珊王朝的金银器造型特点与中国传统的龙凤装饰艺术于一身。而且，瓶身上的舞蹈人形常见于印度工艺，莲花更是佛教的象征，卷草纹的原型则是希腊式莨苕纹。一件瓷器，竟然融合了如此多的外来文化元素，不愧是大唐气象。

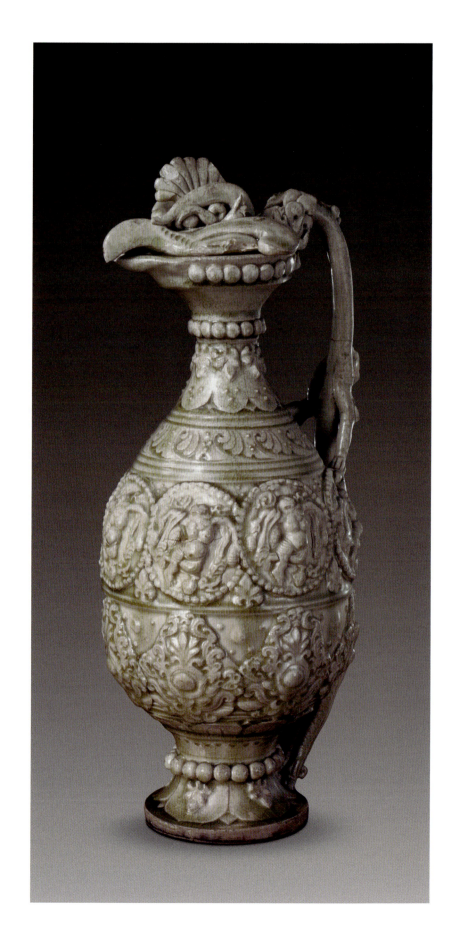

秘色瓷八棱净水瓶

唐（618 ～ 907 年）
口径 2.2 厘米，通高 21.5 厘米

1987 年陕西省扶风县法门寺唐代塔基地宫出土
法门寺博物馆藏

Octagonal olive green porcelain holy-water vase

Tang Dynasty (618 AD–907 AD)
Diameter of mouth: 2.2cm; Height: 21.5cm
From the underground shrine of Famen Monasery,
Fufeng, Shaanxi Province, 1987
Famensi Museum

　　有关秘色瓷，最恰当的赞颂为唐代诗人
陆龟蒙《秘色越器》诗："九秋风露越窑开，
夺得千峰翠色来。"秘色瓷胎质细腻致密，
釉色碧绿柔和，匀净光润，如玉似冰。

　　此种瓷器的配方工艺、烧造方法秘不示
人；又因为烧造的成功率较低，制瓷的每一
道工序，甚至最后在窑中摆放的位置，都直
接影响到成色，美器殊不易得，真品极少，
故被称作秘色瓷。

　　净水瓶盛水以供奉佛祖，观音菩萨的最
常见形象就是手托净瓶。秘色瓷的清净空灵，
的确适合做净瓶。

三彩骆驼载乐俑

唐（618 ~ 907 年）

通高 48.5 厘米

1959 年陕西省西安市中堡村唐墓出土

陕西历史博物馆藏

Three-color glazed figurine of a troupe
of musicians on a camel

Tang Dynasty (618 AD–907 AD)
Height: 48.5cm
From Tang tomb, Zhongbu Village, Xi'an,
Shaanxi Province, 1959
Shaanxi History Museum

　　神气的大骆驼背上，居然驮着一支八人巡
回乐队。一仕女站立中央，似乎正在歌唱，优
雅自信；其余七人四面围坐，或弹琵琶，或吹
筚篥，或拍鼓……神情专注，沉浸在忘我的演
奏中。是唐代乐舞方面胡汉艺术大融合的真实
再现。想必这演奏十分精彩，大骆驼高高昂起头，
似乎在用心聆听。

　　以黄、绿、赭三色为主、釉色丰富的陶器，
最能体现秾艳华丽的大唐风格。但是，这种唐
三彩陶器多用于墓葬，极少出现在日常生活中。

○ 三维成像

58

在兹中国

三彩胡人骑马俑

唐（618 ～ 907 年）

通高 38 厘米，长 52 厘米

1966 年陕西省西安市莲湖区制药厂唐墓出土

西安博物院藏

Three-color glazed figurine of Northern
minority riding a horse

Tang Dynasty (618 AD–907 AD)
Height: 38cm; Length: 52cm
From Tang tomb, Lianhu District, Xi'an,
Shaanxi Province, 1966
Xi'an Museum

　　彪悍的骏马，腾空飞跃。骑马的胡
女稳稳控住马缰绳。黄、白、蓝、绿，
各色釉彩鲜明逼真。

　　唐代人尚武，喜爱骏马。与马相关
的伎艺，如马球、舞马等，在贵族阶层
间深受欢迎。又因为经济发达，都市繁华，
吸引着诸多异族人来经商、居住甚至做
官。他们也带来了异域的各种文化。

　　这传神的胡人骑马俑，正是大唐社
会风气开放、宽松的写照。

59

在兹中国

银鎏金人物香宝子（一对）

唐（618 ～ 907 年）
通高 24.7 厘米，口径 12.3 厘米，

1987 年陕西省扶风县法门寺地宫出土
法门寺博物馆藏

Silver-gilt incense container with figures design

Tang Dynasty (618 AD–907 AD)
Height: 24.7cm; Diameter of mouth: 12.3cm
From underground shrine of Famen Monastery,
Fufeng, Shaanxi Province, 1987
Famensi Museum

　　佛教的香供养器具包括香炉、香宝子、香案、香匙等，都做工精美，以表达虔诚之意。香宝子，就是盛放香料的器皿。这对鎏金人物画银香宝子，形制相同，均錾刻有飞狮、蔓草、莲瓣等纹饰。盖与身子母口扣合，腹壁均划分为四个壶门，一件錾有仙人对饮、吹箫引凤、金蛇吐珠、伯牙抚琴四图；一件錾有郭巨埋儿、王祥卧冰、仙人对弈、颜回问路四图。

　　法门寺是唐代的皇家寺庙，相当一部分器具由皇帝供养，自然非同凡响。

60

银鎏金舞马衔杯纹壶

唐（618～907年）

通高 18.5 厘米

———————————

1970 年陕西省西安市南郊何家村唐代窖藏出土

陕西历史博物馆藏

Silver-gilt ewer with dancing horse design

Tang Dynasty (618 AD–907 AD)
Height: 18.5cm
From Tang kiln, Hejia Village, Xi'an, Shaanxi Province, 1970
Shaanxi History Museum

舞马，是唐代宫廷贵族的娱乐项目，尤其兴盛于唐玄宗时代。天下太平，国家富足，玄宗的生日号称"千秋节"，举国欢庆。寿宴之时，训练有素的骏马拜舞表演，庆贺君王，"腕足齐行拜两膝，繁骄不进蹈千蹄。……更有衔杯终宴曲，垂头掉尾醉如泥。"（张说《舞马千秋万岁乐府词》）此鎏金银壶，生动地再现了装扮漂亮的舞马衔杯祝寿的精彩场面。

盛唐一去不复返，千秋节归于沉寂，舞马表演也消失在历史长河中，只有这件银壶成为精彩时刻的唯一见证。

扁圆形的壶是模仿北方游牧民族的皮囊壶而制作。舞马伎艺从胡地引入，壶仿胡制，似乎正说明了舞马的鼻祖。

63

八瓣菱花形禽兽葡萄纹金背铜镜

唐（618 ～ 907 年）
直径 19.7 厘米，镜厚 1.4 厘米
钮高 1.35 厘米，钮径 4.3 厘米

―――――――――

2002 年陕西省西安市东郊唐阎识微夫妇墓出土
西安博物院藏

Eight-lobed bronze mirror in shape of water chestnuts
with beast and grapevine design

Tang Dynasty (618 AD–907 AD)
Diameter: 19.7cm; Mirror Thickness: 1.4cm;
Height of Knot: 1.35cm; Diameter of Knot : 4.3cm
From tomb of Yan Zhiwei's, Xi'an, Shaanxi Province, 2002
Xi'an Museum

　　唐代是中国铜镜铸造史上最辉煌的时期。新奇的纹饰大量出现，形状也发生了更多变化，配合以纹金、贴银、螺钿等工艺，面貌与汉镜大不相同。

　　在文学作品中，铜镜经常被美称为"菱花"。这枚八瓣菱花形铜镜，就提供了实物佐证。镜背贴金，富丽堂皇。缠枝葡萄纹样区分出八组神兽，葡萄纹样整体上是重复、对称，形成了韵律感。每一组神兽，各有各的神态，或攀援，或嬉戏，活泼有致。

　　即使在铸镜水平最高的唐代，这枚铜镜也是其中的精品。

64

"独幽"七弦琴

唐（618 ~ 907 年）
通长 120.4 厘米，琴额宽 20 厘米，琴尾宽 15 厘米

湖南省博物馆藏

Seven-stringed plucked instrument
with Duyou inscription

Tang Dynasty (618 AD–907 AD)
Length: 120.4cm; Width of forehead: 20cm; Width of caudal: 15cm
Hunan Provincial Museum

古人认为"大乐与天地同和"（《礼记》），即音乐与天地自然相和相感。诗书礼乐是古代君子的必备修养。有关乐的修养，多是通过抚琴、听琴来实现，可以止邪淫，正人心。

"独坐幽篁里，弹琴复长啸。"（王维《竹里馆》）是不是这优美的诗句，启发了造琴人为之命名呢？琴底龙池（琴底两个孔洞中靠上的一个）上方刻"独幽"，池内有"太和丁未"四字（即公元 827 年）。此琴明末清初为著名思想家王夫之所有，民国时由琴家李静珍藏。

一千多年过去了，独幽琴依然可以奏出美妙绝伦的乐曲，乐声可抚慰每一个知音人。

65

在兹中国

伏羲女娲图绢画

唐（618 ~ 907 年）

纵 184 厘米，上宽 85 厘米，下宽 75 厘米

———

1965 年新疆维吾尔自治区阿斯塔纳出土

新疆维吾尔自治区博物馆藏

Silk painting of legendary figures,
Fu Xi and NüWa

Tang Dynasty (618 AD-907 AD)
Length: 184cm; Upper Width: 85cm; Lower Width: 75cm
From Astana, Xinjiang Uyghur Autonomous Region, 1965
Museum of Xinjiang Uyghur Autonomous Region

这幅绢画的寓意相当丰富，蕴含着古人的宇宙观与生命观。

日月星辰环绕，象征广袤的宇宙空间，以及时间的转换流逝。

人首蛇身的形象，是传说中的始祖神伏羲、女娲。女娲手持"规"（画圆形的工具）与四根短棒，伏羲手持"矩"（画方形的工具）和"墨斗"，似乎在说明是人类的始祖界定了天圆地方。

二神粗大的蛇尾相交，寓意生殖，说明人类的生命起源。

整幅画面有一种粗野而豪放的美感。

伏羲女娲画像石

河南南阳

三 宁静致远

宋代—清代

The Quiet Life
(Song Dynasty — Qing Dynasty)

宋元明清，从文化形态来看，似乎在走一条内敛的发展道路，从汉唐的雄浑阔大，逐步趋向沉静平和。士大夫们的生活精致典雅，民间技艺工巧精湛。艺术品所反映的审美格调，呈现出世俗化、平民化的倾向，这是文化重心由贵族阶层向平民阶层的进一步转移。浪漫、昂扬的戎马功业是汉唐社会的主流价值追求，而在宋以后，或演变为高雅、通脱的心境修养，或演变为温馨、平易的家常趣味。

66

银鎏金阿育王塔

北宋（960 ~ 1127 年）
高 119 厘米

———————

2008 年江苏省南京市长干寺地宫出土
南京市博物馆藏

Gilt silver tower of King Ashoka

Northern Song Dynasty (960 AD-1127 AD)
Height: 119cm
From underground shrine of Changgan Temple,
Nanjing, Jiangsu Province, 2008
Nanjing Municipal Museum

公元前 2 世纪，印度孔雀王朝的阿育王致力于佛教传播，将佛陀舍利分送各地，建塔供奉。因此，后人如果造塔供奉舍利，多将其命名为阿育王塔。

这座塔是迄今为止中国出土的体形最大、工艺最复杂、铭文最多、制作最精美的阿育王塔。

银质鎏金，镶嵌了 452 颗各色宝珠。塔身四面，分别浮雕了佛祖故事"萨埵太子舍身饲虎"、"大光明王施首"、"尸毗王割肉贸鸽"、"须大拏王"等。其他部位，还雕有佛像以及佛传故事。

但凡信仰，有一颗真挚心最重要。在尽可能的情况下，以宝物供奉，更能表达虔诚之意。

67

赵佶《瑞鹤图》

北宋（960 ～ 1127 年）

纵 51 厘米，横 138.2 厘米

———

辽宁省博物馆藏

Silk painting of "Auspicious cranes", by Zhao Ji

Northern Song Dynasty (960 AD–1127 AD)
Length: 51cm; Width: 138.2cm
Liaoning Provincial Museum

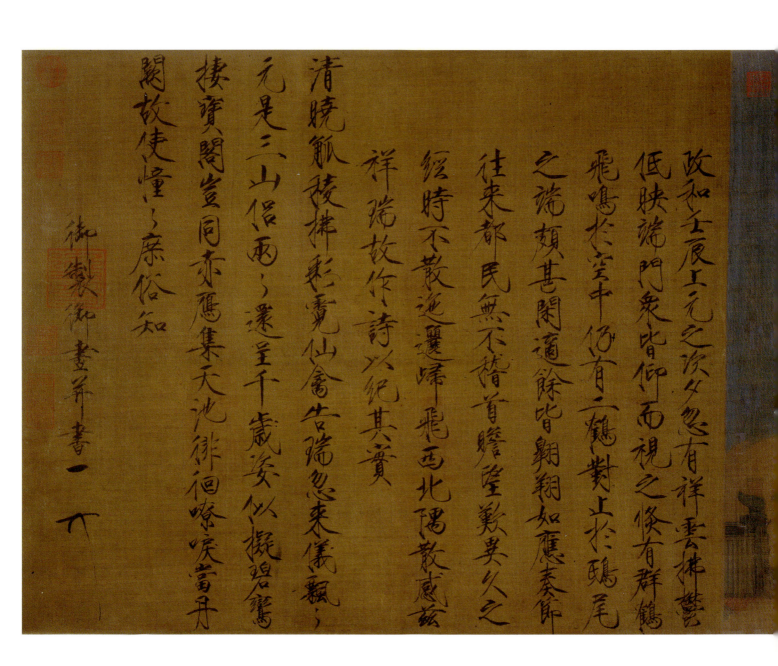

宋徽宗赵佶多才多艺，唯独当不好皇帝。政和二年（1112），宋徽宋在宫中宴请大臣，有群鹤从西北方飞来，盘旋于殿堂之上，随宫廷音乐而翔集。赵佶下令制作瑞鹤旗，又亲自绘了《瑞鹤图》。

这幅绢本设色画，下方是祥云缭绕的宫殿，构图稳重，上方是飞翔的仙鹤，各种姿态，似乎在随着乐声翩翩起舞。静观画幅，好像能听到悠长的鹤唳响彻九霄之上。

68

王希孟《千里江山图》

北宋（960 ～ 1127 年）
纵 51.5 厘米，横 1191.5 厘米。

———

故宫博物院藏

"A Thousand Li of Rivers and Mountains", by Wang Ximeng

Northern Song Dynasty (960 AD–1127 AD)
Length: 51.5cm; Width: 1191.5cm
The Palace Museum

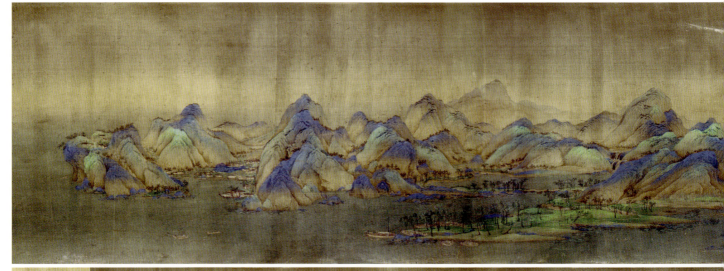

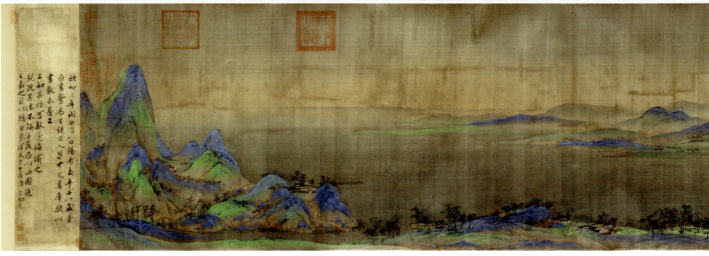

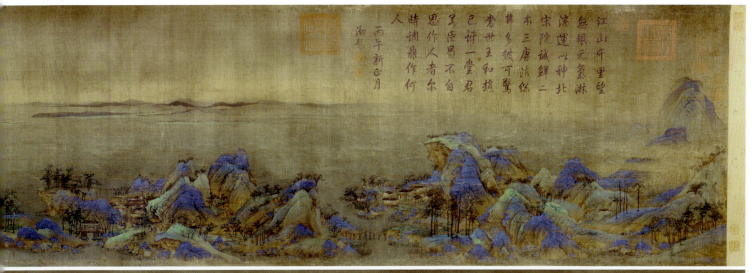

江山千里望
無垠元氣淋
漓運以神北
宋院誠鮮二
本三唐法絲
林多然可驚
當世王和趙
已許一堂君
臣臣易不自
思作人者尔
時調鼎作何
人
丙午新正月
御題

在兹中国

银鎏金摩羯

宋（960 ~ 1279 年）
高 14.8 厘米，长 34 厘米

———————

1992 年广西壮族自治区南丹县附城村拉要屯虎形山出土
广西壮族自治区南丹县文物管理所藏。

Gilt silver capricorn

Song Dynasty (960 AD–1279 AD)
Height: 14.8cm; Length: 34cm
From Huxingshan, Layao Tun, Fucheng Village,
Nandan, Guangxi Zhuang Autonomous Region, 1992
Nandan Cultural Relics Administration,
Guangxi Zhuang Autonomous Region

　　摩羯是印度神话中水神的坐骑，兽首鱼身，头有弯角。据说如来曾经化作摩羯大鱼，以肉救济人，长达十二年，所以摩羯也被奉为圣物。受到佛教文化的影响，东晋顾恺之《洛神赋图》中就出现了摩羯形象。

　　人们对世界的认知颇有局限，汪洋大海中的巨鲸大鱼，总是令人敬畏。把它们神化，其实是对未知力量的敬畏和崇拜。

　　摩羯形象传入中国之后，随着佛教的世俗化发展，又逐渐融合了龙和鱼的特征，成为寓意吉祥的鱼龙形象。

定窑白釉童子诵经壶

北宋（960 ～ 1127 年）
高 27 厘米，口径 3.3 厘米

北京市顺义区辽代净光舍利塔基出土
首都博物馆藏

White glazed porcelain pot of reading boy , Ding ware

Northern Song Dynasty (960 AD–1127 AD)
Height: 27cm; Diameter of mouth: 3.3cm
From Liao Temple, Shunyi District, Beijing
Capital Museum

定窑出产多为白釉日常用品，与汝窑、官窑、哥窑、钧窑并称宋代五大名窑。

长袍束冠的童子端庄稳坐，双目微闭，似乎正在用心念诵。头部有注水口，双手所捧经卷为壶流，壶柄在他的背后。釉色洁白如玉。

这构思奇特的壶，作为艺术品的意义远远大于实用品。

汝窑天青釉三足洗

北宋（960 ~ 1127 年）

高 4 厘米，口径 18.6 厘米

故宫博物院藏

Sky blue glazed brush washer with three legs, Ru ware

Northern Song Dynasty (960 AD–1127 AD)
Height: 4cm; Diameter of mouth: 18.6cm
The Palace Museum

汝窑擅长制青瓷，特地以名贵的玛瑙入釉，形成青如天、面如玉、蝉翼纹等特色，堪称名瓷之冠。可惜，汝窑烧造史仅仅二十年（宋哲宗至徽宗，1086 ~ 1106 年），流传的真品数量极少，故为历代所宝藏，与商彝周鼎同等贵重。

这件三足洗仿汉代铜洗样式，属于宫廷陈设器，釉色雅致纯净，光泽柔和，如同古玉一般内敛含蓄。

天青色并没有等来烟雨，却等来乾隆皇帝题诗一首："紫土陶成铁足三，寓言得一此中函。易解本契退藏理，宋诏胡夸切事谈。"

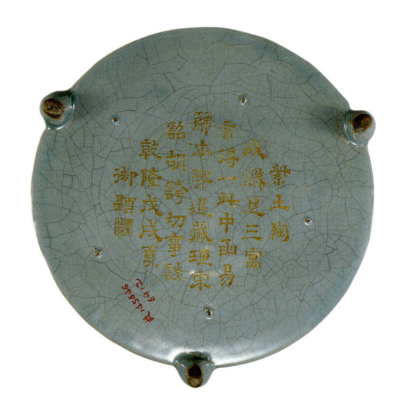

72

耀
州
窑
青
釉
倒
流
壶

在兹中国

北宋（公元 960 ～ 1127 年）

通高 19 厘米，腹径 14.3 厘米，足径 12 厘米

———————

1968 年陕西省彬县出土

陕西历史博物馆藏

Celadon bottom-filled pot, Yaozhou ware

Northern Song Dynasty (960 AD-1127 AD)
Total Height: 19cm; Diameter of belly: 14.3cm;
Diameter of bottom: 12cm
From Bin County, Shaanxi Province, 1968
Shaanxi History Museum

　　倒流壶的出现，真令人怀疑是某些匠人的炫技之作。这种壶无口无盖，在壶底却有一个梅花形的注口。使用时，必须先把壶颠倒过来，底朝上，将酒水从梅花口注入壶腹，然后再把壶身正放。倒酒时，倾斜壶身，酒水就可以从流口倒出来了。

　　这种壶看不到里面，不知道深浅，还得翻来覆去地倒，实在不方便。所以，做这种壶，最大的功能就是逗得宴席上的人呵呵一乐，纷纷问为什么。主人矜持地笑而不语，魔术效果达成。

　　当然，壶本身的艺术水平也值得欣赏玩味。如这只青釉倒流壶，假盖一侧塑了一对哺乳母子狮。幼狮乖巧可爱，母狮仰头张嘴，无限警觉，它大张着的嘴正是壶的流口。狮子再加上提梁上的凤凰，壶身上的缠枝牡丹，兽中之王、鸟中之王、花中之王，荟萃于一壶。寓意富贵吉祥。

75

哥窑戟耳炉

南宋（1127 ～ 1279 年）
高 5.3 厘米，口径 7.5 厘米，足径 5.7 厘米

———

故宫博物院藏

Incense burner with halberd-shaped handles, Ge ware

Southern Song Dynasty (1127 AD–1279 AD)
Height: 5.3cm; Diameter of mouth: 7.5cm; Diameter of bottom: 5.7cm
The Palace Museum

瓷器放入窑，最后成品是什么样子，有时候不可预料，仿佛一切都是天意。釉层开裂原本是瓷器烧造中的缺点，但是能工巧匠掌握了开片的规律，将它发展成一种特殊的装饰。就像哥窑表面的"金丝铁线"，粗细不等，疏密有致，别具古拙之美。

历代爱瓷人总结出哥窑瓷器的几大特点，除金丝铁线外，还有攒珠聚沫、紫口铁足等说法。作为宋代五大名窑之一，哥窑的窑址迄今尚未发现，传世产品也相当罕见。即使懂得鉴别哥窑瓷器的理论，也基本上没有用武之地。

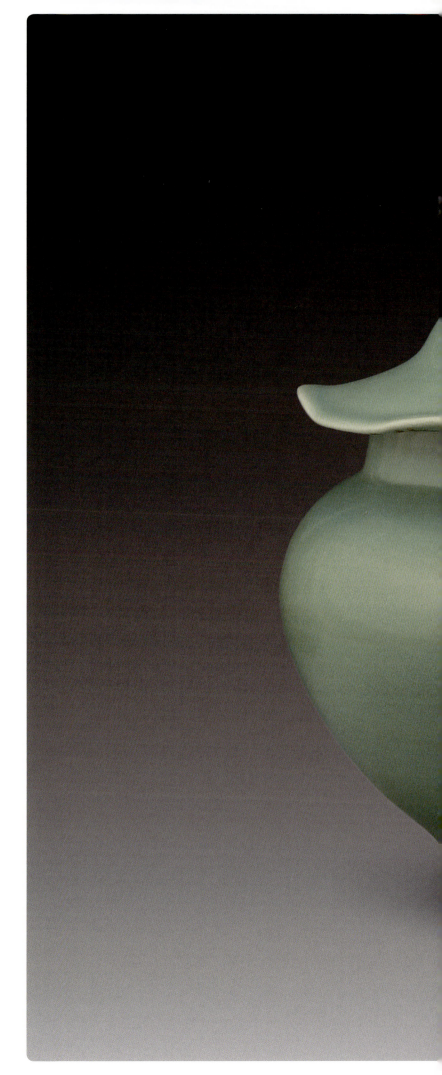

76

龙泉窑青釉
荷叶形盖罐

南宋（1127 ～ 1279 年）

通高 31.3 厘米，口径 23.8 厘米，腹径 16.8 厘米

1991 年四川省遂宁市金鱼村出土

四川宋瓷博物馆藏

Celadon jar with lotus-leaf-shaped lid,
Longquan ware

Southern Song Dynasty (1127 AD–1279 AD)
Height: 31.3cm; Diameter of mouth: 23.8cm;
Diameter of body: 16.8cm
From Jinyu Village, Suining City,
Sichuan Province, 1991
Sichuan Songci Museum

　　瓷器能美到什么地步？请看龙泉窑的
梅子青釉瓷器。

　　釉色碧绿如翡翠，温润似春水。瓜蒂
形罐钮，荷叶卷边的罐盖，鼓腹圆足的器身，
每一条弧线都柔和流畅。目光不舍得离开，
在这青釉的无边柔情、绝色丽质之前，人
的心都要融化了。虽然是人工烧制，却有
不逊于大自然鬼斧神工的美感，实在是中
国瓷器登峰造极的理想境界。

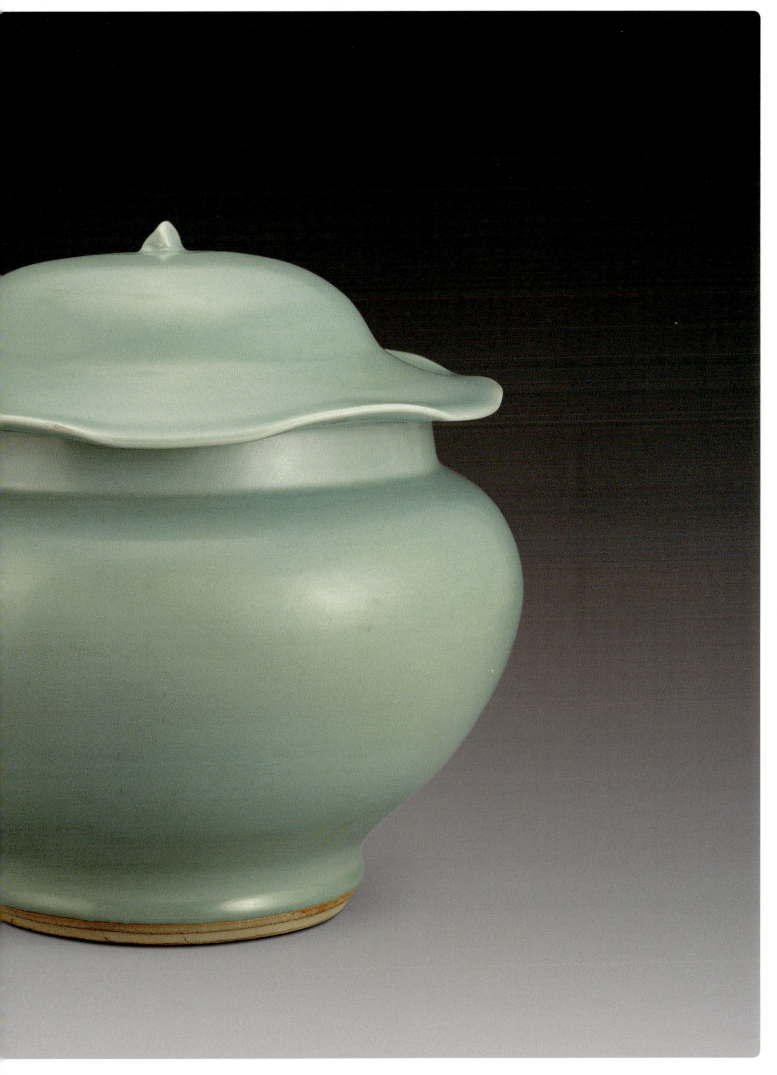

77

朱克柔缂丝
山茶蛱蝶图

南宋（1127 ~ 1279 年）
纵 25.6 厘米，横 25.3 厘米

———————

辽宁省博物馆藏

Silk tapestry with pattern of camellia
and butterfly, by Zhu Kerou

Southern Song Dynasty (1127 AD–1279 AD)
Length: 25.6cm; Width: 25.3cm
Liaoning Provincial Museum

缂丝又称刻丝，须采用特殊的缂丝机。编
织时，根据图案花纹的需要，用各色粗纬线分
别挖织。最后成品的效果是：纬线完全盖住织
物的表面，不显露细细的白色经线；而且，因
为纬丝都是局部织造，不同的花纹颜色之间会
呈现断痕，犹如刀刻雕镂一般。

宋元以来，缂丝一直是皇家御用织物之一，
用于织造帝后服饰、皇帝肖像，以及摹刻名家
书画，获得"一寸缂丝一寸金"的美誉。

朱克柔是南宋缂丝工艺家，同时也擅长作
画。她把绘画技巧融入缂丝作品，运丝如运笔，
极尽精巧之能事。《缂丝山茶蛱蝶图》是其为数
不多的传世佳作之一，其成就已经超越了单纯
的装饰意义，成为具备独立欣赏价值的艺术品，
收藏家们都珍视如名画。

定窑白釉
印花龙纹盘

金（1115 ~ 1234 年）
高 4.9 厘米，口径 23.2 厘米

传河北省曲阳县出土
上海博物馆藏

White glazed porcelain plate with impressed
dragon pattern, Ding ware

Jin Dynasty (1115 AD–1234 AD)
Height: 4.9cm; Diameter of mouth: 23.2cm
Reported to be excavated from Quyang County, Hebei Province
Shanghai Museum

　　白瓷起源于北齐、成熟于唐代。宋代定窑尤其擅长烧制白瓷。由北宋至金，定窑开创的白釉印花瓷器名扬天下。这枚瓷盘上的印花纹源于定州缂丝的纹饰，代表了定窑瓷器印花工艺的最高水平。

　　白色拥有最饱满的韵致。巨龙腾跃在白云里，龙之威猛似乎在白色中柔和了、宁静了。

景德镇窑水月观音像

元（1206 ～ 1368 年）

高 67 厘米

———

1955 年北京市西城区出土

首都博物馆藏

Porcelain statue of Avalokitesvara , Jingdezhen ware

Yuan Dynasty (1206 AD–1368 AD)

Height: 67cm

From Xicheng District, Beijing, 1955

Capital Museum

  观音菩萨有三十三种法身，其中观看水中月影的称作"水月观音"。其寓意是佛法无定体，可以显现为各种形象。而且与佛法永恒相比，尘世间的一切不过是短暂的梦幻泡影，如水中之月，镜中之花，脆弱虚渺。

  水月观音像，神情安详，姿态高雅，所表达的意境深邃优美，极具宗教感染力。

  晚唐五代时，水月观音像开始出现在壁画上；北宋之后，就成为观音菩萨最常见的表现形式之一。

  这尊观音像，细节精致，又有韵味，是瓷器造像中的上品。

景德镇窑青花
萧何追韩信图梅瓶

元（1206 ~ 1368 年）
高 44.1 厘米，口径 5.5 厘米，足径 13 厘米

1950 年江苏省南京市明沐英墓出土
南京市博物馆藏

Blue-and-white prunus vase with design
of XiaoHe chasing HanXin, Jingdezhen ware

Yuan Dynasty (1206 AD–1368 AD)
Height: 44.1cm; Diameter of mouth: 5.5cm;
Diameter of bottom: 13cm
From the tomb of Mu Ying, Nanjing, Jiangsu Province, 1950
Nanjing Municipal Museum

　　这件青花梅瓶，称之为绝世珍品绝不为过。其造型规整，线条流畅，胎质细腻洁白，釉色均匀莹润，腹部描绘了"萧何月下追韩信"的故事图，韩信、萧何、艄公三个人物形象精彩，神情生动。松、竹、梅、山石等错落有致地点缀其中，使画面浑然一体，颇有中国水墨丹青的神韵。

　　元代戏剧艺术兴盛，诸多历史事件借由戏剧演出而深入人心。《追韩信》就是当时流行的一出杂剧。把人们喜闻乐见的题材再现到工艺品上，肯定能获得更多的关注。

81

景德镇窑蓝釉
白龙纹瓶

元（1206 ~ 1368 年）
高 43.8 厘米，口径 5.5 厘米，
腹径 25.3 厘米，底径 14 厘米

扬州博物馆藏

Blue glazed vase with dragon design, in white Jingdezhen ware

Yuan Dynasty (1206 AD–1368 AD)
Height: 43.8cm; Diameter of mouth: 5.5cm;
Diameter of body: 25.3cm; Diameter of bottom: 14cm
Yangzhou Museum

　　高温霁蓝釉是元代制瓷业的一大成就。目前全世界仅发现三件元代蓝釉白龙纹梅瓶，这是其中最大最完美的一件。

　　通体蓝釉恰似汪洋大海；素白的游龙，几乎环绕瓶身一周，追逐着火焰宝珠。蓝白釉色对比鲜明，神龙游海，矫健无比。

朱
碧
山
银
槎

在兹中国

元（1206 ～ 1368 年）
高 18 厘米，长 20 厘米

———————

故宫博物院藏

Silver cup in shape of raft by Zhu Bishan

Yuan Dynasty (1206 AD–1368 AD)
Height: 18cm; Length: 20cm
The Palace Museum

喝酒至半醺，就有飘飘然之感。乘坐浮槎，
可以一直漂流到天上的银河。那么一边喝酒，
一边泛舟，是不是可以更快速地驾临仙境呢？

这只白银槎杯，拟形木槎，如老树枝桠虬曲。
槎上的题款尽显文人雅趣。槎尾刻"龙槎"二字，
杯口下方刻着行楷十五字："贮玉液而自畅，泛
银汉以凌虚。杜本题。"杯腹刻楷书二十字："百
杯狂李白，一醉老刘伶，知得酒中趣，方留世
上名。"

槎尾后部刻有"至正乙酉，渭塘朱碧山造
于东吴长春堂中，子孙保之"二十一字，图章
"华玉"二篆字款。制作者朱碧山工艺高超，善
于创新。这件槎杯，既有传统雕塑的特点，又
有文人画的意境。

83

鎏金铜玄武

明永乐时期（1403 ～ 1424 年）
长 65 厘米 , 高 47 厘米

———

湖北省博物馆藏

Gilt bronze sculpture
of legendary animal, *Xuanwu*

Yongle Period (1403 AD–1424 AD), Ming Dynasty
Length: 65cm; Height: 47cm
Hubei Provincial Museum

东方苍龙、南方朱雀、西方白虎、北方玄武，四种瑞兽神灵镇守着四个方位，这就是中国古代天文学所说的四象。其中玄武的形象是龟蛇相交。

宋代崇尚道教，将玄武之神奉为真武大帝。明成祖朱棣篡权之后，为了确立自身的正统地位，巩固统治局面，格外尊奉北方之神玄武，特地在武当山的主峰修建了气派庄严的太和宫。此鎏金铜玄武就侍奉于宫内的真武帝君神像之前。

高足碗 青花五彩鸳鸯莲池纹

明宣德（1426 ~ 1435 年）
高 11.5 厘米，口径 17 厘米

西藏自治区萨迦寺藏

Five-colored high-stemmed bowl with mandarin ducks
and lotus design, Jingdezhen ware

Xuande Period (1426 AD–1435 AD), Ming Dynasty
Height: 11.5cm; Diameter of mouth: 17cm
The Sakya Monastry, Tibet Autonomons region

　　五彩，是瓷器釉上彩的主要品种之一，泛指多种颜色，经高温焙烧之后，色彩呈现出玻璃状，质感坚硬，故又称硬彩。目前全世界仅有的两件宣德五彩瓷器，都收藏在西藏萨迦寺，乃明王朝赏赐之物。

　　这只碗口沿内侧有藏文吉祥经，外侧有五爪云龙纹，腹部、足部是鸳鸯莲池纹，碗上的纹饰体现出汉藏文化融合的象征。高足碗可盛放酥油、酒、水等供品，供奉于佛前，清净虔诚。

松鹤纹斑纹
地雕填漆盘

明嘉靖（1522 ～ 1566 年）
高 4.4 厘米，口径 31.4 厘米

故宫博物院藏

Carved lacquer plate with pine
and crane design on mottle ground

Jiajing Period (1522 AD–1566 AD), Ming Dynasty
Height: 4.4cm; Diameter of mouth: 31.4cm
The Palace Museum

明代皇帝中，嘉靖最崇信道教，喜爱各种祥瑞之物。受到皇帝的影响，嘉靖年间出产的器物多有道教纹饰，表现长生、升仙、万寿等主题。

鹤，就是一种重要的道教符号，一直活跃在道教意识与称谓中。比如道士的衣服为鹤氅，道士走路叫云行鹤驾，道士死了叫驾鹤西去……而松树，是以长寿著称的树种。仙鹤栖息在苍松上，飞翔于祥云间的组合图案，就寓意飞升成仙、长生不老。

86

紫檀雕漆管紫毫提笔

明嘉靖（1522 ~ 1566 年）

通长 33.7 厘米

———

故宫博物院藏

Calligraphy brush with red sandalwood stem and purple hare's hair

Jiajing Period (1522 AD–1566 AD), Ming Dynasty
Height: 33.7cm
The Palace Museum

　　笔墨纸砚为文房四宝，在古代的办公条件下，可谓与人朝夕相伴。虽然好笔未必写得出好字，但是文具讲究一些，美一些，写字人的心情会更加愉快吧。

　　这只斗笔用于书写匾额、楹联等处的大字。笔斗为紫檀木，笔管为雕漆和紫檀木拼接。

　　除了竹木以外，陶瓷、象牙、金银、玉等均可做笔管。不过，以名贵的材质制作笔管，不是出于实用目的，而是作为文房雅玩来欣赏、收藏。

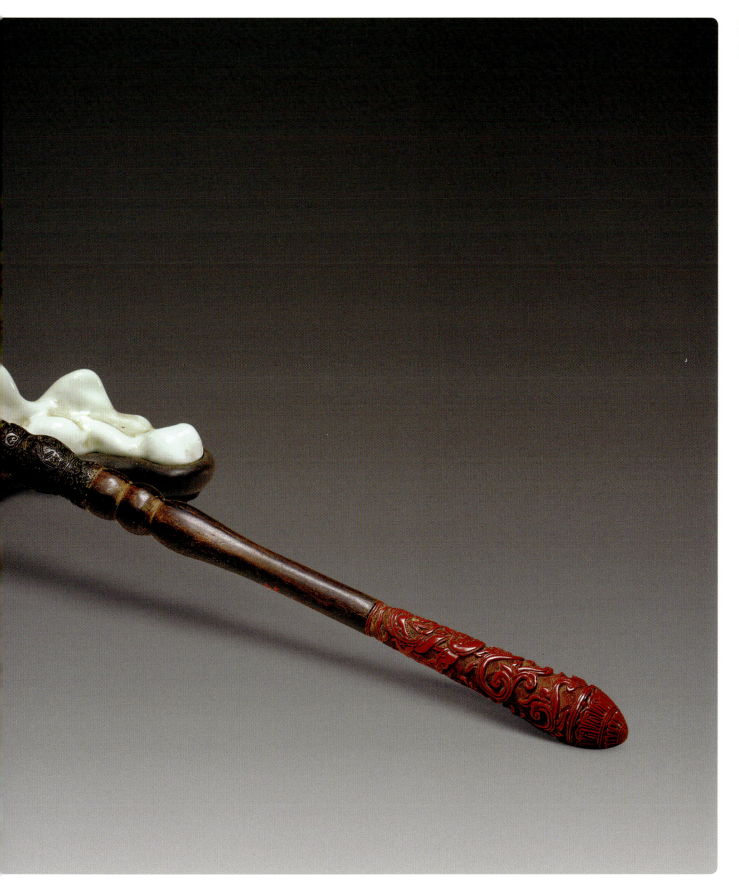

87

缂丝浑仪博古图

明（1368 ~ 1644 年）

高 138 厘米，宽 44.8 厘米

辽宁省博物馆藏

Silk tapestry with pattern of antiques
including Ecliptic armillary sphere

Ming Dynasty (1368 AD–1644 AD)
Height: 138cm; Width: 44.8cm
Liaoning Provincial Museum

为了复兴礼制，宋代的士大夫们积极地研究、收藏古器物，使整个社会都产生了崇古、尚古的风气。宋代的金石图录为后代的仿古造作提供了良好的范本。明清两朝延续着对古雅的爱好，"博古图"成为了装饰题材，正式出现在各种器物上。

这幅缂丝作品以捻金线和合花线和粗细不同的纬线精工织出了三十二件古董，有浑天仪、鼎、彝、瓯、罍、钟、鼓、方印等，古色古香，由蝙蝠簇拥捧献。

下部横栏有凤穿牡丹图案，明代时，凤凰往往是皇后的象征。该图应该是为宫廷制作的。

88

金镶青白玉镂空
龙穿牡丹纹带

Gilt jade belt with openwork dragon and peony design

Ming Dynasty (1368 AD–1644 AD)
Weight: 1011.4g
From tomb of King Liangzhuang, Zhongxiang, Hubei Province, 2001
Hubei Provincial Museum

明（1368 ~ 1644 年）
重 1011.4 克

2001 年湖北省钟祥市梁庄王墓出土
湖北省博物馆藏

玉带、革带都是明朝的身份性饰物，帝后百官必须按照各自的等级使用不同规格的带。在已经发掘的明代亲王墓中，梁庄王朱瞻垍墓葬等级最高，所出土的金镶玉石带和金累丝镶宝石带等都是前所未有的珍宝。

这条金镶玉石带由 20 件金镶白玉镂空带銙和 2 件金带扣组成，重 1011.4 克，璀璨奢华。

梁庄王是明宣宗的异母弟，三十岁就去世了，没有任何彪炳史册的事迹。可是，在他和王妃魏氏的合葬墓中，竟然陪葬了数不胜数的异宝奇珍，其规格仅次于明十三陵中的定陵。明代亲王，多以豪富著称，由此可见一斑。

207

金
玉
头
面
簪
组
合

明（1368 ~ 1644 年）
长 12.7 ~ 16 厘米，宽 6.4 ~ 6.8 厘米

2001 年湖北省钟祥市梁庄王墓出土
湖北省博物馆藏

Set of hairpins inlaid with gems

Ming Dynasty (1368 AD–1644 AD)
Length: 12.7cm–16cm; Width: 6.4cm–6.8cm
From tomb of King Liangzhuang,
Zhongxiang, Hubei Province, 2001
Hubei Provincial Museum

后妃的地位，不仅反映在生前的称号名谓，
死后的陪葬品更能说明她所享受过的尊荣。

商代妇好墓出土的精品，为上古时代之冠。
明梁庄王妃魏氏墓葬的陪葬品，虽然没有妇好
墓那样大气，却从另一个方面展示了明代王妃
的尊贵。

明代妇女的成套头饰，其名称以及佩戴、
安插方式各有讲究，总称为"头面"，包括挑心、
顶簪、头箍、分心、掩鬓、围髻、钗簪、耳坠等。
在首饰制作上，宝石镶嵌、玉石透雕、花丝工
艺等技艺运用得炉火纯青。

蟠螭纹犀角杯

明（1368 ~ 1644 年）

高 9.4 厘米，最大口径处 14.5 厘米

———————

四川博物院藏

Rhinoceros horn cup carved with interlaced-hydras design

Ming Dynasty (1368 AD–1644 AD)
Height: 9.4cm; Diameter of mouth: 14.5cm
Sichuan Museum

犀牛角极其稀有珍贵，故很少进入实用领域，多因材用料，雕成犀角杯。犀牛角有凉血解毒的功效，以之做杯，据说可以使酒水具有药性，生发香气。

这件犀角杯，遍布蟠螭纹。无论是鸟首、象首、虬龙、双角兽首等，其身体均为螭身。纹饰的疏密、繁简，大小、深浅，安排得当，生动流畅，使杯身充满了动感。

清代文人李渔说过："富贵之家，犀则不妨常设，以其在珍宝之列而无炫耀之形……"《红楼梦》中，妙玉给黛玉斟茶的杯子就是犀角制成的点犀盉。可见，犀角制品才是真正的"低调而奢华"，配得起绛珠仙子。

金蝉玉叶头饰

明（1368 ~ 1644 年）

叶长 5.3 厘米，宽约 3.2 厘米

蝉外翼长 1.7 厘米，宽约 0.8 厘米，厚 0.02 厘米

———————

1954 年江苏省吴县五峰山出土

南京博物院藏

首饰最能体现精细的手工艺水平，明代的头面经常用草虫做装饰题材。这件金蝉玉叶就是一件簪首，金银底托和簪脚大概是丢失了。

和田羊脂白玉精工琢磨成一片玉叶，厚度仅仅两毫米，轻透无暇。尤其令人惊叹的是，正面的叶脉弧曲而凹，背面的叶脉相应地弧曲而凸，质感相当真实。金蝉蝉翼仅 0.2 毫米厚，其轻盈动感，形神毕肖，更加逼真。

金蝉玉叶虽然不再是完整的首饰，但是巧夺天工，更具备艺术上的浑成感，鉴赏价值极高

Hair ornament in shape of gold cicada on jade leaf

Ming Dynasty (1368 AD–1644 AD)
Length of leaf: 5.3cm; Width of leaf: c. 3.2cm;
Length of cicada: 1.7cm; Width of cicada: c. 0.8cm;
Thickness of cicada: 0.02cm
From Wufengshan, Suzhou, Jiangsu Province, 1954
Nanjing Museum

92

皇太极御用鹿角椅

后金天聪至清崇德年间（1627～1643年）
通高 119.2 厘米，靠背长 63.2 厘米，椅座高 57 厘米，
椅面长 82.8 厘米，宽 52.7 厘米，鹿角围长 184.5 厘米

沈阳故宫博物院藏

Antler chair of Hongtaiji

Tiancong Period late Jin Dynasty to
Chongde period Qing Dynasty, (1627 AD–1643 AD)
Total Height: 119.2cm; Length of backrest : 63.2cm;
Height of Seat: 57cm; Length of Seat: 82.8cm;
Width of Seat: 52.7cm; Length of Antler: 184.5cm
The Shenyang Palace Museum

曾侯乙时，人们把真正的鹿角插在了漆器梅花鹿头上，还算得其所哉。皇太极时，真正的鹿角却成了椅圈，显然跟使用者的关系更加密切了。

满清女真族兴起于白山黑水之间，有骑射打猎的悠久传统。据说皇太极本人曾射杀过五头猛虎。把鹿角安置在座椅上，彰显文治武功之英明，也有不忘本之意。

乾隆皇帝一向喜好舞文弄墨，瞻仰祖先遗物之后，命人在椅子靠背上刻下自己的御题诗，其中有句"弯弓曾逐鹿，制器拟乘龙"，似乎替先人表达了个中意旨。

清乾隆鹿角椅

椅：高 131.5 厘米，宽 765 厘米，长 92 厘米
踏脚：长 60 厘米，宽 30 厘米，高 12 厘米
故宫博物院藏

铜
胎
画
珐
琅
开
光
花
卉
小
瓶

清康熙（1662 ~ 1722 年）
高 13.5 厘米，口径 4 厘米，足径 4 厘米

故宫博物院藏

Bronze-bodied vase of painted enamel with flowers design

Kangxi Period (1662 AD–1722 AD), Qing Dynasty
Height: 13.5cm; Diameter of mouth: 4cm; Diameter of bottom: 4cm
The Palace Museum

16 世纪时，欧洲的商人和传教士把画珐琅的技法传入中国，受到清朝皇室的喜爱。康熙、雍正、乾隆三朝皆设立了珐琅作坊，制作皇家用品。

这件秀气的铜胎小瓶，口沿、足边镀金；内外均是浅蓝色珐琅釉地；云形的开光里，分别绘饰了红、绿、蓝花卉各一朵。色彩和谐鲜明，纹样工整细致，装饰性极强。

银鎏金烧蓝暖砚

清乾隆（1736 ~ 1795 年）
长 27.2 厘米，宽 22.1 厘米，高 22.5 厘米

———

故宫博物院藏

Silver-gilt box for warming inkslab with enamel design

Qianlong Period (1736 AD–1795 AD), Qing Dynasty
Length: 27.2cm; Width: 22.1cm; Height: 22.5cm
The Palace Museum

　　烧蓝工艺只能用于银器，又称银胎珐琅。其制作过程是，先用银丝在银胎上掐出纹样，再把珐琅釉料填于花纹上，经过多次烧制而成。烧蓝的呈色效果如同水彩一样，有透明感。

　　银砚盒錾花鎏金，盒中长方形银屉上安置两方砚池。砚池下方，四面各有圆形炭盒。倘若天气冷，就可以把炭放进去，加热砚池，防止砚水和墨汁冻结。盒盖正中和四壁炭盒盖上，均有烧蓝装饰。

　　乾隆皇帝的文房用具，处处表明乾隆本身对传统艺术的理解与追求，既有皇家富丽堂皇的气象，又有文人清幽尚古之趣。

珐琅彩芍药雉鸡图玉壶春瓶

清乾隆（1736～1795年）
高 16.3 厘米，口径 4 厘米，底径 5 厘米

———

天津博物院藏

Cloisonne enamel vase with peony and pheasant design

Qianlong Period (1736 AD–1795 AD), Qing Dynasty
Height: 16.3cm; Diameter of mouth: 4cm; Diameter of bottom: 5cm
Tianjin Museum

唐司空图《二十四诗品·典雅》："玉壶买春，赏雨茆屋。"载酒游春宴乐，是古代文人暮春时节喜爱的雅习之一。玉壶春瓶便得名于此雅习。此瓶釉面莹润如玉，以珐琅彩绘芍药雉鸡。雌雄两雉鸡栖身山石之上，亲昵相偎，周围衬以芍药花草，一派富贵祥和之气。空白处墨彩题诗："青扶承露蕊，红妥出阑枝。"并首钤朱文"春和"印，尾钤白文"翠铺"、朱文"霞映"二方印。此瓶集诗、书、画、印于一身，犹如一幅展开的画卷。

珐琅彩瓷是清康熙、雍正、乾隆三朝的宫廷御用瓷，为皇帝所垄断，"庶民弗得一窥也"，极为稀少，珍贵异常。

青枝承露蕊红
安出阆枝

○ 三维成像

96

明黄彩云金龙
妆花纱夹袍

清雍正（1723 ～ 1735 年）
身长 144 厘米，通袖长 190 厘米，下摆宽 130 厘米

故宫博物院藏

Lined bright-yellow gauze robe
with colored clouds and golden dragon design

Yongzheng Period (1723 AD–1735 AD), Qing Dynasty
Length: 144cm; Width across sleeves: 190cm;
Width above gloves: 130cm
The Palace Museum

元旦、冬至等喜庆节日，皇帝都要穿上隆重的吉服，举行庆典，与普天同乐。龙袍的样式、花色事关天子体面，必然精益求精，明清两代多用妆花工艺来织造。这件龙袍体现了清代雍正朝江宁织造妆花纱的织造水平。

妆花采用挖花盘织手法，将各种彩色纬线按照纹样织入锦缎，配色没有任何限制，非常自由，因此色彩变化极其丰富，是其他织造工艺不能比拟的。当然，其复杂繁琐程度，也是首屈一指的。据说一天织不过百梭，长不过两寸。

这件龙袍是按照具体的规格要求和特定的纹饰图样，整体设计织造而成，难度尤其大，从图案设计到上机织成，需要多人经年才能完成。

97

象
牙
雕
十
八
罗
汉
臂
搁

在兹中国

清乾隆（1736 ～ 1795 年）
长 29.1 厘米，宽 6.1 厘米，厚 2.4 厘米

故宫博物院藏

Ivory arm rest carved with eighteen Arhats

Qianlong Period (1736 AD–1795 AD), Qing Dynasty
Length: 29.1cm; Width: 6.1cm; Thickness: 2.4cm
The Palace Museum

读书写字，在文人生活中一日不可缺。古人用毛笔蘸墨，由右而左书写，为了防止墨迹沾染衣袖，臂搁（也叫腕枕）应运而生。这件象牙仿竹节雕制的臂搁，凸面是焚香跌坐的僧侣，凹面则是十八罗汉。刀法圆熟精妙，属于象牙工艺中的珍品。

南红玛瑙凤首杯

清乾隆（1736 ~ 1795 年）
高 13.3 厘米，长 13.8 厘米，宽 7.5 厘米

故宫博物院藏

Agate phoenix-head cup

Qianlong Period (1736 AD–1795 AD), Qing Dynasty
Height: 13.3cm; Length: 13.8cm; Width: 7.5cm
The Palace Museum

红色是中国人的吉祥色，色彩艳丽的红色宝石一直倍受青睐。南红玛瑙从战国时代就进入了装饰品行列，后被奉为佛教七宝之一。

明代徐霞客漫游天下，到达云南玛瑙山，发现有玛瑙嵌在危崖之间，其色月白有红，晶莹紧致，是玛瑙中的上品。因为储量稀少，这主产地云南玛瑙山（保山）的南红矿在乾隆时期就已经开采殆尽了。

诚如徐霞客所见，南红玛瑙以红白分明为上品。就像这只凤首杯，天然俏色，雕琢成翔凤负杯的形制，装饰螭虎纹，是宫廷碾玉的代表作。

99

雕花卉整象牙

清晚期（1851 ~ 1911 年）

通长 69.9 厘米，口径 8.3 厘米

———————

故宫博物院藏

Ivory carving of flowers and plants

Late Qing Dynasty (1851 AD–1911 AD)
Length:69.9cm; Width of mouth:8.3cm
The Palace Museum

　　此为整根象牙，以"百花不露地"形式雕刻而成。通体刻有牡丹、芍药、秋菊、玉兰等四时花卉，寓有富贵长寿、繁华不尽之意。繁花富丽优美，雍容华贵，令人惊叹！

　　整只象牙外形完美，质地洁白细腻，雕刻繁密而精致，却又玲珑剔透，实为清末象牙雕刻精品。口沿处刻有八仙宝器，留白处刻有阳文楷书"粤东同盛号制"，当为商业作坊名号。

图版索引

图书在版编目（ＣＩＰ）数据

在兹中国 ／ 周明主编；中国文物交流中心编. —北京：文物
出版社，2019.9
　　ISBN 978-7-5010-4514-3

　　Ⅰ．①在… Ⅱ．①周… ②中… Ⅲ．①文物－介绍－
中国 Ⅳ．①K87

　　中国版本图书馆CIP数据核字(2016)第016050号

在兹中国

总 策 划：王　军　谭　平

主　　编：周　明

责任编辑：许海意　于炳文

书籍设计：张志伟　纸墨春秋设计工作室

责任印制：张道奇

出版发行：文物出版社

社　　址：北京市东直门内北小街2号楼

网　　址：http：//www.wenwu.com

邮　　箱：web@wenwu.com

经　　销：新华书店

制版印刷：天津图文方嘉印刷有限公司

开　　本：889mm×1194mm　1/16

印　　张：14.75

版　　次：2019年9月第1版

印　　次：2019年9月第1次印刷

书　　号：ISBN 978-7-5010-4514-3

定　　价：300.00元